U0007002

足球——停球、踢球完全圖解

風間八宏

掌握「停球、踢球、運球」的技巧

前言

區分不同腳感，將「停球後踢球」練到極致

「為什麼腳沒辦法像手一樣靈活呢？」

「手可以握球，為什麼腳卻不行？」

從小，我就一直抱持著這樣的疑問。還記得當時，只要一有空我就會光著腳碰球，還會一直跟球說話。漸漸地，我開始感覺到自己的雙腳擁有許多神經，愈是觸球，我就愈能更細緻地感受到腳的各個部位所帶來的不同感覺。記住這些感覺之後，腦袋便浮現出一個聲音對我說：「我能做到更多」。

只是，不知道從何時開始，我卻變得只在「穿著鞋」的狀況下考慮如何踢足球。

此次，藉由執筆這本書的機會，我再次挑戰去感受腳的感覺，並將之呈現在書裡。我自己也很久沒有赤腳觸球了，除了那令人懷念的熟悉感，也讓我想起塵封在記憶中那些纖細的觸球動作。

不只用「腳背」去感覺，而是用「腳背的某一處」。不只用「腳趾」去感覺，而是用「腳趾的某一點」。透過那一個碰觸

點，我該碰觸球的哪裡、如何觸球，它才會如我所願地移動到想要的位置呢？用這樣的方式，我愈練愈有意思，卻也愈來愈難達到想要的結果。但是在練習的過程中，我確實愈來愈能掌握踢球的感覺，呈現在我的踢球技術當中。

只要習得正確的技術，就能正確判斷時間、地點、對手與自己之間的關係。更重要的是，做出正確的判斷之後，你的下一個動作便能有更多選擇，同時判斷也更加快速，然後你的身體就會開始渴求學習更加高等的技術。這樣的反覆練習，可以為自己創造得以運用在比賽當中的「武器」。無論任何時候，技術始終都存在於自己的腦海裡。

試著了解身體與球的性質。接著去了解自己的特色，透過磨練對球的感覺，就能創造出屬於自己的「絕招」。所謂的絕招，就是指無論在何種狀況下，都無法被撼動的技術。

自己能發揮到什麼地步？可以要求自己到什麼程度？最重要的是，你和自己的身體有多享受踢球的過程？請盡情去挑戰自己的可能性吧！你一定能從中發現更多埋藏在身體裡的技術，以及更加開闊的想像力。

風間 八宏

CONTENTS

CHAPTER 3 運球

CONTENTS

CHAPTER 4 傳球

CHAPTER 5 梅西解剖圖鑑

「停球」指的是讓滾動的球回到靜止狀態。
然而在很多狀況下，看似停下來的球，
卻經常無法如想像般停在剛好的位置。
究竟要觸碰足球的哪一個位置才能順利讓球靜止下來呢？
腳如何碰觸球？該碰觸球的哪一「點」？
本章將說明各種停球的方法。

CHAPTER 1

停球

停球
足內側 1

腳拇趾根部下方「隆起」觸碰球心上方的位置

所謂的「停球」，指的是讓球靜止下來的動作。

如果球還在滾動的狀態，那就不是停球，而是「運球」。如果你是為了運球而去驅動球，那當然沒有問題，問題是當你想要停球，球卻沒有停下來，那就是失誤了。

透過「停球」動作，能幫助我們更順暢地進入下一腳動作。靜止的球比滾動的球更好踢，當我們將球停下來時，就能抬起視線，仔細觀察周遭的狀況。

那麼，該怎麼做才能讓球停下來（＝靜止狀態）呢？

只要**觸碰球心上方的位置**即可。

3 「點」對「點」

透過觸碰球心上方的「點」來停球，使滾動的球「靜止」下來。

如果觸碰球心下方的位置，球勢必會因為受力而往上彈。而觸碰球心，也會使球反彈出去。只有從上方觸球，才能對球施以向下的力量。由於球的下方就是地面，向下的力量也不足以將球壓入地面，因此便能將球停在該處。

那麼，該用腳的哪個部位觸球呢？

因為只需接觸球心上半部的某一點即可，事實上**不管用腳的哪個部位觸球都能達到目的**。無論是用腳尖還是腳跟，只要確實觸碰到正確的觸球點，就能順利停球。不過，**最具安定性的觸球部位，是在腳拇趾根部附近**，略為突出的骨頭周圍。

若以比此處更接近腳趾的位置觸球，容易因為球的衝擊力道過大而無法好好控制住球，導致球滾

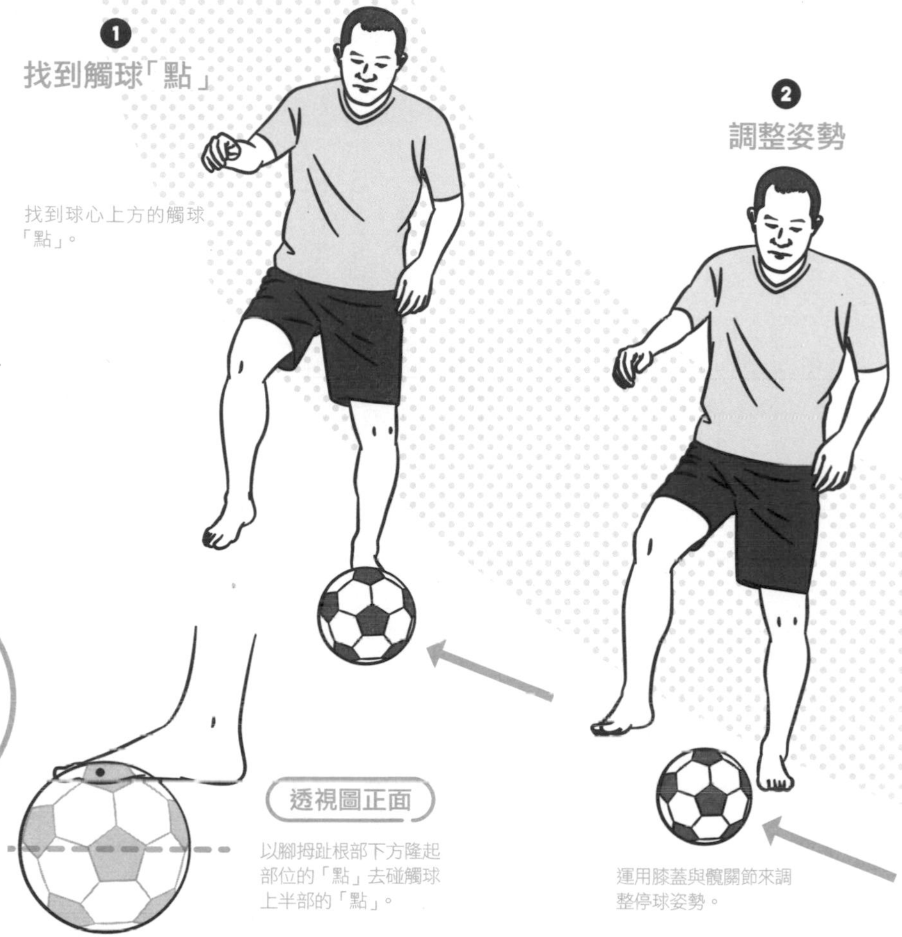
❶
找到觸球「點」
找到球心上方的觸球「點」。
❷
調整姿勢
透視圖正面
以腳拇趾根部下方隆起部位的「點」去碰觸球上半部的「點」。
運用膝蓋與髖關節來調整停球姿勢。

開而無法控制在腳下，進而造成失誤。反之，若以彎曲的足弓部位觸球，則難以掌握正確的觸球點，容易導致觸球位置錯誤。

觸球時，**若要確實觸碰球心上方的點，接觸點會比接觸平面來得更加適合。不要用整個內側平面觸球，而是點對點的觸球，才能確實完成停球的動作**。例如，當我們要按下按鈕的時候，也是使用手指對吧？雖然用整個手掌去壓下按鈕也不是不行，然而一般來說，當我們要按下按鈕這個點時，通常會以同樣是點的指尖來按。

觸球點的位置，該用腳的哪個部位觸球，請參考圖示。不過有一點要注意的是，因為實際停球時，你的視線是從上方看著球的關係，仍需透過反覆練習，來確實掌握正確的觸球點、觸球的腳部位置，以及自己的觸球感覺。

透過停球來創造「當下」的行動時機

只要將球「停下來」，就能創造出「當下」的行動時機。

只要球停在腳邊，就能馬上做出傳球的動作，也能立刻射門，更能做出盤球的動作。**只要成功停球，就能以最快的速度、準確地組織下一波進攻**。

一旦完成停球，就能抬起視線來觀察周遭情況，如此一來，想要拿球的隊友就能在那個當下擺脫對手的盯防，跑出空檔來接球。

也就是說，這個「當下」的進攻時機，不只屬於持球者，更能與周遭的隊友共有，進而組織進攻。

然而，即使隊友跑出了一個絕佳位置，若不能在該時機點傳球，就有可能使他再次回到對手的盯防之下。

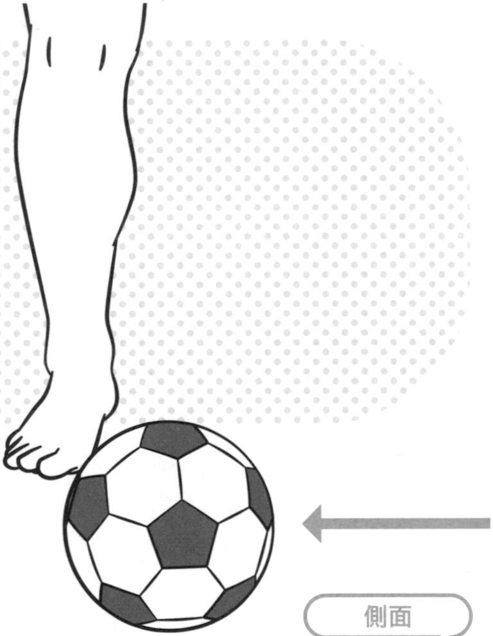

側面

以腳拇趾根部下方隆起部位的「點」，去碰觸球心上方的「點」來停球。

若發生這樣的狀況，問題可能是出在傳球者身上，但也可能是接球者太早動作。當隊友還沒有停好球，視線仍然盯著球的時候，就很難期待他能傳出一個好球。

只要能好好停球（＝靜止狀態），隊友就能在該時機點動作，並且是隊友能最快掌握到的時機點。若你總要透過兩次、三次的觸球才能將球控制在腳下，不僅你自己的下一個動作產生延遲，隊友也很難掌握到進攻「當下」的那個時機點。

因此，必須透過停球的動作，來與隊友共有進攻的時機點，才能順利開啟一波進攻。

正面

正確的觸球「點」，在球的上方部位。

足球愈踢愈好的風間語錄 1

「創造絕對優勢而非追求正解」

流暢進攻的正確解答取決於球場上的情況。因此，必須創造不被情況左右的「絕對優勢」。只要這樣觸球就能使球完全靜止；把球保護在這個位置，對手就無法切進來抄球；從這個位置射門球一定會進……。創造不被情況左右的「絕對優勢」，是一流選手所擁有的能力。

將球停在身體前方

當我還是現役選手時，曾經有人教過我這句口訣：「在球上蓋屋頂」。

就像蓋屋頂一樣，將足內側覆蓋在球上，把球夾在腳與地面之間，就能讓球的運動靜止下來。只是，這個方法僅可用於把球停在自己身體下方的情況，因而導致停球的位置較為受限。

我想應該很多人都學過，觸球瞬間「收腳」這個停球方法。因為在球碰到腳的一瞬間收腳，可以吸收球的衝擊力道。只是如果球的速度非常快，而收腳的速度無法跟上球的動向，球還是一樣會彈出去。

除此之外，用這個方法停球也會使一邊動作一邊控球變得更加困難。

如果採取碰觸球上方的方式停球，因為原理都是透過觸碰球的一個點來使球靜止下來，因此可以將球停在身體的正下方，也能將球停在身前。

當你一邊前進一邊停球時，腳的動作在停球時也一樣會呈現向前伸展的狀況，然而觸球點並沒有改變，在腳的控制上，也是用同樣的部位去觸球。

試著想像這個狀況：比賽中，當你發現對手直傳球的意圖並試著斷球

3 使球靜止下來

只要正確觸碰球上方的部位，就能防止球碰到腳彈開的失誤發生。

❶ 向前出腳

❷ 「點」對「點」

一邊伸出右腳，一邊碰觸球上方的停球「點」。

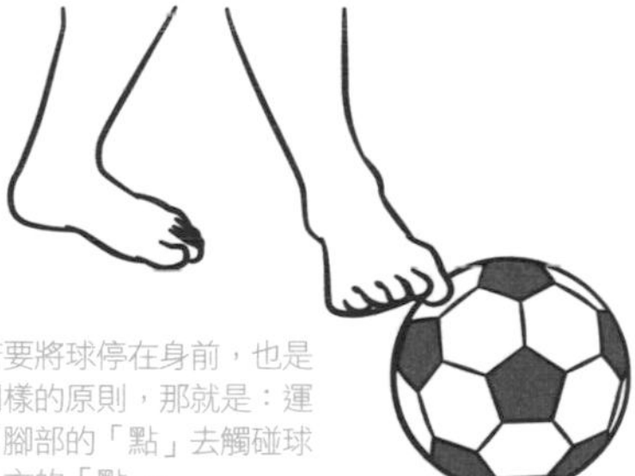

若要將球停在身前，也是同樣的原則，那就是：運用腳部的「點」去觸碰球上方的「點」。

的時候，你會切入被你盯防的對手面前，透過攔截對手的傳球來打斷他的傳球路徑。此時，很多人會因為沒有停好球而導致球彈開，可說是相當常見的失誤。好不容易攔截到球，卻因為自己的失誤讓球彈開，沒能將球控制在自己的腳下。

如果以碰觸球上方的方式來停球，就不會發生類似的失誤了。觸球的部位無論是腳尖還是腳底都沒問題，只要是容易辦到的方式就好。**只要找到球上方的停球點並正確觸球，球就一定會停止下來**。確實並正確地掌握這個停球的觸球點，是最重要的課題。

停球 足內側 4

身前停球

無論停球的位置在身前、身下或稍微靠後，停球的理論都是相同的。關鍵在觸碰球上方的位置。

把球停在身體的前方或後方同時轉身，是轉身時經常使用的技巧。**讓球滾至身體前方，同時張開身體並觸碰球的上方部位來停球**。

❶ 迎來滾至身前的球

當我們想把從左邊滾過來的球往右側引導，或是想透過轉身將從後方來的球往前場帶時，經常會使用上述訣竅來停球。相反的，也可以透過這樣的方式來欺騙對手，看似讓球通過身體前方往另一側滾去，卻在滾過去之前將球稍微停在面前，再把球帶往對手相反的方向。

只要運用接觸球上方來停球這個方法，就能把球停在任何想要的位置。最重要的是，無論將球停在哪一個位置，都必須持續掌握球上方正確的觸球點。**為了確保自己能夠不偏移地掌握正確的觸球點，透過調整膝蓋與髖關節**，持續掌握正確的觸球點來將球控制在腳下吧！

❷ 觸碰球的上方部位

張開身體並觸碰球的上方部位。

❸ 轉身

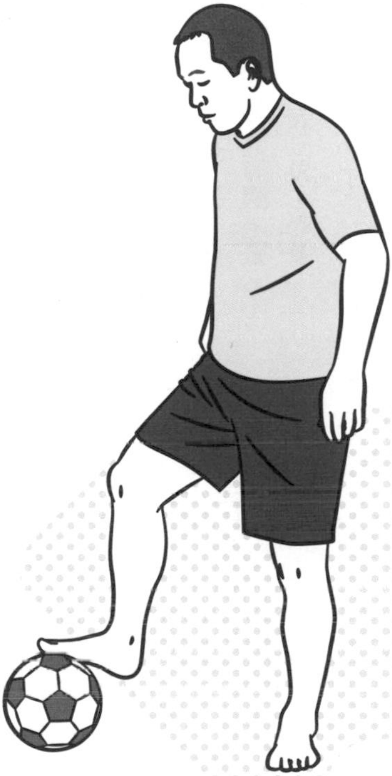

將球停在球滾過來時的相反方向。

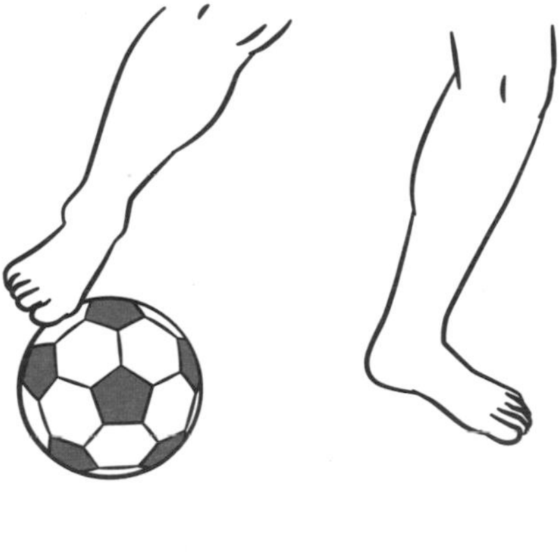

「點」對「點」

原則上把球停在身下或身後時，也是使用同樣的方式停球。運用腳部的「點」去觸碰球上方的「點」。接下來只要調整身體的方向來改變停球的位置就好。

以腳的小趾觸碰球的上方部位

以足背外側停球的方法與足內側相同，都是透過**觸碰球的一個點來停球。觸球點也一樣，即為中心以上的一個點**。

以足內側停球時，使用的部位是腳拇趾根部那塊「隆起」的部位來碰球，然而以足背外側停球時，停球的位置則改為小趾與腳背相連的根部部位。跟足內側一樣，並不是非得要用這個部位觸球。最重要的是去觸碰球的正確位置，至於要用腳的哪個部位來觸球，只要用自己容易動作的位置即可。

不過，**由於觸球點必須透過腳部的點來掌握的關係，使用小趾與腳背連接的根部位置，對我來說最容易掌握停球感覺**。

3 觸碰那一「點」

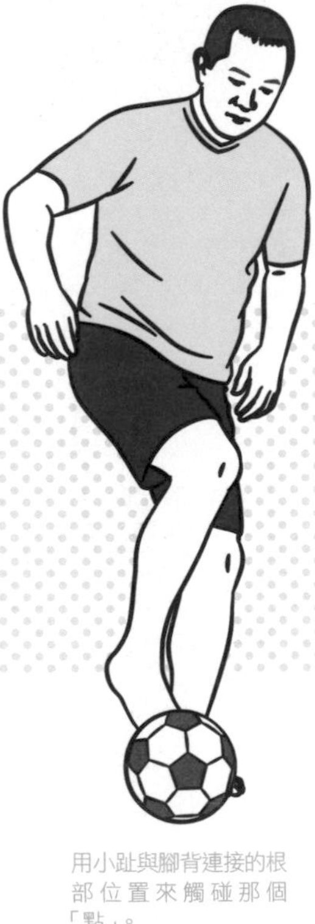

用小趾與腳背連接的根部位置來觸碰那個「點」。

球上的「點」

無論使用的是足內側還是足背外側，碰觸球的「點」都一樣要在中心上方的位置。

腳上的「點」

用小趾與腳背相連的根部位置來觸球。

❶ 找到觸球「點」

找到觸球的那一「點」。

❷ 抬起膝蓋

抬起膝蓋來調整腳的高度。

足背外側
停球後轉身

當對手**在後方盯防時，使用足背外側停球，就能將球停在距離對手較遠的位置，製造出己方的優勢**。只是若用這個方式停球，經常必須在半邊身體靠著對方的姿勢下停球。

雖然這個動作的目的是把球控制在離對手較遠的位置，但我不太建議用這樣的方式停球。確實在這樣的狀況下很適合用半邊身體來壓制對手的動作，但是以這個姿勢用足背外側停球，自己也只剩一個方向可以移動了。

❸ 以自然的姿勢接球

❹ 向右轉身

若對方球員從左側切進來搶球，用足背外側停球後向右轉身來擺脫對手。

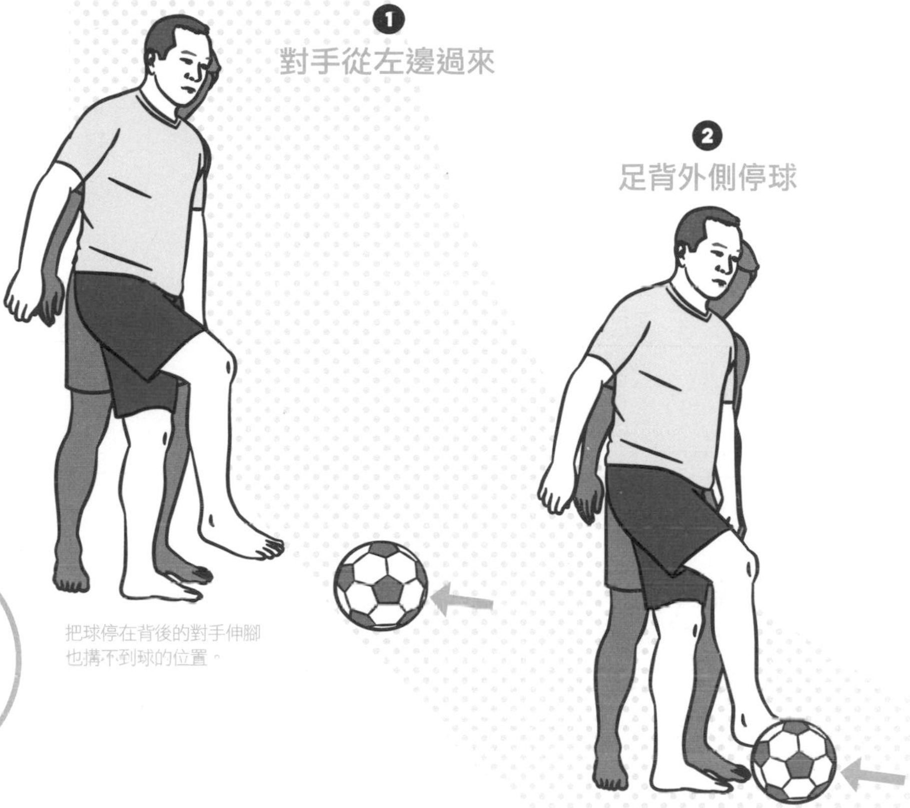

把球停在背後的對手伸腳也搆不到球的位置。

舉例來說，一個慣用右腳的選手以左側身體壓著後衛（Defender，DF），並試圖以右腳的足背外側來停球。在這樣的狀況下，停球後若要啟動腳下的球，就只剩右邊一個方向可以移動了。因為以右足外側觸球時，右腳踝可以很自然地將球往右方帶，但要往反方向帶卻很困難。也就是說，即使在這個姿勢下接到球，移動方向也會被限縮在右側。

所以**即使對方球員在背後盯防，還是盡量以自然的姿勢來停球會比較有利。**

若對手從自身左側切進來搶球，用足外側停球後順時針轉身來擺脫對手。相反的，若對方球員從右側切進來，就用足內側停球後帶球左轉來擺脫對手。

足內側停球後轉身

❶ 足內側停球

假設對手想要從右側搶球。

❷ 向左轉身

以足內側停球後向左轉身。

錯誤示範

在半邊身體緊貼著對手的狀態下以足背外側停球，就只能把球往右邊帶。

在自然的跑動下接球，無論以足外側還是足內側停球，都能依照現場狀況迅速改變停球的位置。如果一開始就拘泥於形式，便無法以流暢的動作來因應對手的行動，因此接球時身體只要自然動作即可。

當我們**試圖前去拿球，而背後有對手盯防時，經常會用到「Early Hit」這個技巧**來碰撞對方的身體，但在執行時並不需要激烈的碰撞對方，**只要在跑去接球的途中，暫時停下腳步即可**。此時你的身體並不會撞上對方，而是透過停下腳步，讓在後方盯防的對手直接追撞上來。由於對手的視線一直放在球上，突然停下腳步會使對方反應不及而產生突如其來的身體碰撞，此時，我們就能趁對方失去平衡的空檔順利停球。

停球

1 停高空球

以足內側停高空球

找到高空球的觸球點。

控制高空球基本上與控制滾地球相同，差別只在於停高空球時，**由於球還在空中，使得每次停球的觸球點都會有所改變。**也就是說，我們會根據球的位置，來調整觸球點。

想像在自己身前的位置，有一顆大型的球體，有一顆足球正朝著這個球體飛來。此時，**根據你觸球時球的位置不同，正確的觸球點也會隨之改變。**你希望在離自己較近的位置觸球，還是較遠的位置？左邊還是右邊？高還是低？

另外，自己想要把球停在什麼位置也會有所影響。你**希望把球停在右邊、左邊，還是正面呢？這些都是在停高空球的時候，會改變觸球點的因素。**（接續第24頁）

足球愈踢愈好的風間語錄 2

「不要只想成為職業選手」

若以職業選手為目標，那麼在你成為職業選手的瞬間就達到目的了。但是若把眼光放遠，想著「我要成為世界上最優秀的選手」，那麼成為職業選手就只是一個過程。

❸ 足內側停球

❹ 把球停在正面

停球 2 停高空球

以腳背停高空球

❶
處理墜落的球
❷
用腳背停球
用腳背觸碰由上往下掉的球時，稍微收腳來吸收球的衝擊力道。

停球的方向可以藉由觸球的位置來調整。若想把球停在自己的左側，觸球點就會在球心偏右側的位置。相反的，若想把球停在右側，觸球點則是反過來在球的左側。

一般來說，球原則上都是停在地面，所以無論觸球點在左右哪一邊，都要**觸碰球心以上的位置，才能對球施加向下的力量**。假如你**希望把球停在空中，觸碰球心稍微偏下的位置即可。**

觸球點在哪裡？

停高空球的原則與停滾地球相同；想要把球停在右側，就碰觸球的左上方，想要停在左側，則是觸碰右上方。此外，觸碰球心以上的位置會把球往下停，因此若你希望把球停在空中，則需觸碰球心稍微下方的位置。

足球愈踢愈好的風間語錄 3

「不要為球隊踢球」

比起「想著為球隊踢球」，「想著自己該如何幫球隊取勝」才能組成更強的十一人團隊。

把球往支撐腳後方帶

想　要把球往支撐腳後方帶的時候，假如用右腳觸球，那麼左腳就是支撐腳。以右腳足內側觸球後腳不要離開球，做出往左腳後方收腳的動作，讓球沿著足內側往後方滾動。然後再稍微把球往前推，把球放在左腳前面。

3
向後停球

停球後腳不要離開，直接把球往支撐腳後方帶。

4
把球放在左腳前面

依觸球當下的腳感來調整球的位置，把球稍微往前推到左腳前面。

❶
球往腳下滾來

讓球來到腳下再觸球。

❷
「點」對「點」

運用腳部的「點」去觸碰
球上方的「點」。

足球愈踢愈好的風間語錄 4

「不要拘泥於位置」

即使被對手盯防，只要把球停在對方無法伸腳過來搶球的位置，就能擺脫對手。因此不要拘泥於位置，也就是說，沒有什麼空間是絕對必要的。

「停球」技巧總結

- 觸碰球心偏上方的位置。
- 足內側停球時，以腳拇趾根部觸球。
- 足背外側停球時，建議用小趾與腳背相連的根部位置觸球。
- 為了不讓觸球點偏移，用膝蓋與髖關節來調整姿勢。
- 透過停球來創造「當下」的行動時機。

踢球時，到底要用腳的哪裡去踢球的哪一「點」比較好？
只要掌握踢球的原理，球就會完全依照自己的預期滾動，
然而出乎意料地，即使是職業選手，
都不一定能完全掌握踢球的訣竅。
踢球時該如何找到自己擅長的「位置」，本章將一一解說。

CHAPTER 2

踢球

運用腳跟附近的位置製造反作用力

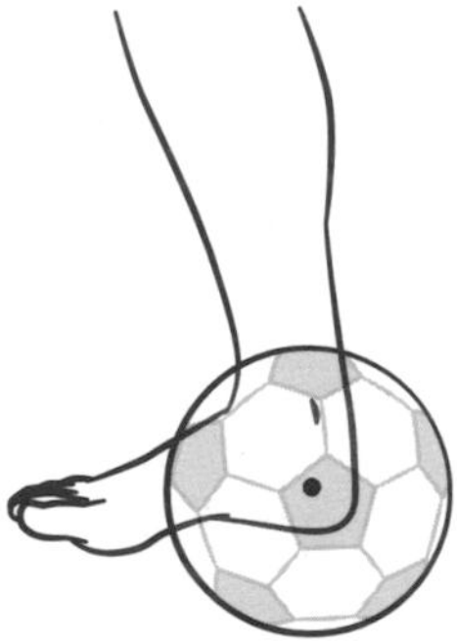

透視圖

以踝骨下方或腳跟對準球心踢球，較容易對球施加力量。

踢球時，存在著所謂的個人差異。例如體型、行走與跑跳方式的不同，都是影響踢球的因素。不過，運用足內側來踢球時，每個人執行起來的差異卻不大。

以我自己來說，踢球時，我一般會使用腳跟附近的這個位置來碰球。

❸ 以腳跟附近的位置踢球

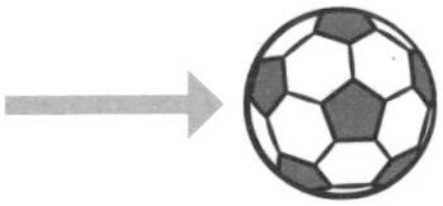

以腳跟附近的位置踢球，容易對球施加力量。

為什麼踢球要用這個位置？因為用這一點來踢，更容易把力量傳遞到球上。腳只要一踢到球，就會產生反作用力。舉例來說，假如我們用腳尖附近的位置踢球，用愈強勁的力道踢，球反過來施加在腳上的力量就會愈強。以偏足內側的腳趾周圍踢球時，因為踢球瞬間來自球的力道太過強勁，使得腳趾因為無法承受而產生彎曲的狀況。這麼一來，不僅無法對球施加足夠的力道，也因為接觸部位晃動的關係，導致踢出去的球不夠精準。

另一方面，**如果用腳跟附近的位置踢球，由於這裡剛好是腳的正下方，即使承受球的反作用力也不會動搖**。也因為如此，這個部位能夠穩定地承受球的衝擊，將力量準確地施加在足球上。

在同樣的力道之下，用這個位置踢可以對球施加更大的力量，有助於提高球速與球的衝擊力道。也就是說，**只要一個小小的動作，就能踢出更快、更有衝擊力的球。**

踢的時候，請對準球心。**只要踢中球心，球本身就不會產生旋轉的狀況**，因此一開始請先練習對準球心踢球。

❶ 支撐腳踩向球邊

踩到球邊的那一腳是支撐腳。

❷ 對準球心

足內側對準球心。

俯視圖

鎖定球心是踢球時需要注意的重要關鍵。

踢球點在腳背第二趾根部的位置

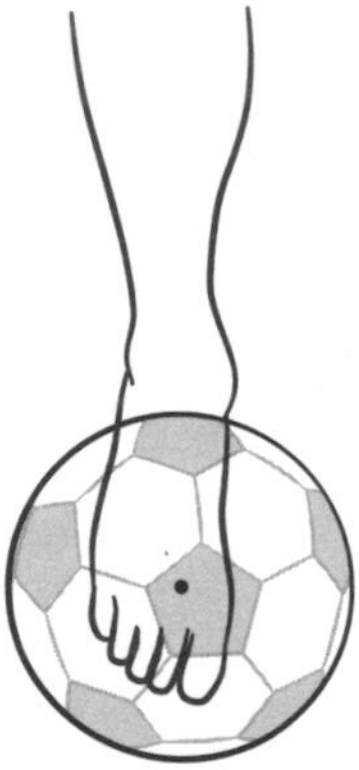

透視圖

用腳背第二趾根部附近的位置踢擊球心。

踢球時，存在著所謂的個人差異。用腳背踢球時，每個人的踢法都不盡相同。因此只能透過勤加練習，來找到適合自己的踢法。不過，**踢球點的位置，則無論哪種踢法都是一樣的**。

首先，**對準球心，然後大幅度地擺動踢球腳，這兩點是踢球時必須注意的關鍵**。

如果沒有踢到球心，球就不會筆直地飛出去。因此，**要學好踢球，第一件事就是「知道球心的位置」**。只要學會踢中球心的技巧，就等於同時學會如何偏離球心來踢球。踢球心以外的位置也有許多好處，可以踢出弧線球，也可以延長球停在空中的時間。如果在不知道球心位置的狀況下踢球，不僅踢不出筆直的球，也不可能練成弧線球。也就是說，沒有球心的觀念，就不可能把球踢到自己想要踢的地方。

大幅度地擺動踢球腳，可以幫助

❸ 大幅度地擺動踢球腳

擺動上半身似乎需要時間，但其實沒有太大的差別。

❹ 瞄準球心踢

瞄準球心後，用腳背踢球。

你「更加了解自己的身體」。為了讓球飛得更遠、力道更強勁，就必須更有效率地將身體的力量傳遞到球上。當然，擺動膝蓋以下的小腿也能把球踢出去，但是如果要最大限度地輸出你的力量，大幅度地擺動整條腿是最有效的做法。此外，若想辦到最大程度地擺動腿部，上半身的動作也是相當重要的一環。

建議透過以下的方法，找到適合自己的踢球方式：**支撐腳（若以右腳踢球，支撐腳為左腳）固定不動，直接把球放在腳邊，試著踢踢看。**

由於這個動作只有抬腳踢球，而非追上球再踢球的一連串動作，因此你可能會覺得不管怎麼踢，球好像都飛不太遠。如果沒有踢到球心，球的飛行距離甚至不會超過十公尺。為了讓腳找到球心，我們需要透過上述訓練，來找到自己的腳最適合觸球的部位。大概知道要用哪個部位踢球後，接下來就要找最適合的踢球位置。支撐腳站位大概要離球多遠，才能最順暢的踢球？當你大幅度地揮動踢球腳時，支撐腳應該站在哪個位置？更甚者，上半身應該如何使力，才能將力量完全傳遞到球上？透過固定支撐腳再踢球的練習，就能盡快找到屬於自己的一套踢球方式。

就我而言，我喜歡以腳背第二趾根部的位置去踢球心。但是不需拘泥於這個位置，適合踢球的部位通常因人而異。只要找到球心，透過大幅度揮動腳的動作來把力量施加在球上，光是完成上述兩個動作，就能踢出沒有旋轉、核心穩定的筆直飛球。

❶ 上半身準備動作

❷ 跑到球的旁邊

上半身大幅擺動，做出準備動作。

支撐腳站位請依照個人狀況調整。距離的拿捏關鍵，在於支撐腳站定後你能大幅度地揮動踢球腳。

觸球點

腳背第二趾根部附近，實際可依個人狀況調整。

做假動作向左踢 就靠足背內側

同 一套踢球動作不僅可以直直往前踢，也能做出假動作，臨時改為向左或向右踢。

使用右腳時，若要把球往左邊踢，只要朝著球心偏右側的位置踢，球就會往左邊飛了。同樣的道理，如果想把

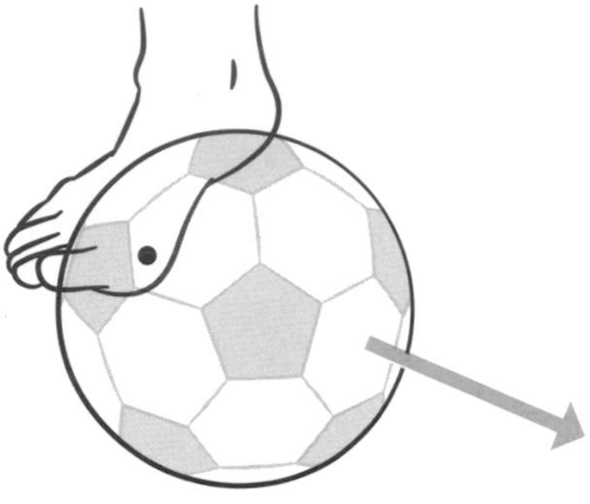

透視圖

用腳拇趾根部側邊往球的右側踢。

❸ 球飛往左側

瞄準球的右側踢，球就會往左側飛。

球往右邊踢，只要朝球左側踢就好。**使用右腳把球踢到左邊時，不要用腳背正面去踢，稍微改變方向用偏內側的位置踢，就成了足背內側踢球**。相反的，若要把球踢到右邊，當然就要用足背外側來踢了。

1

支撐腳踩向球邊

支撐腳站位與踢球姿勢都與使用足背踢球時相同。

2

足背內側踢球

若要把球往左邊踢，就用足背內側來踢球。

做假動作向右踢
就靠足背外側

只要瞄準球的不同位置、改變踢球的腳部部位，就能在不改變姿勢的狀況下，把同一個位置的球踢往不同的方向。

支撐腳與球之間的距離跟直直踢球的時候一樣，請找到可以用最大程度擺動踢球腳的位置。最後就是看你

透視圖

用小趾根部附近的位置踢向球的左側。

❸
球飛往右側

想把球踢往哪個方向，就朝著球的左或右側去踢即可。

足球愈踢愈好的風間語錄 5

「往腳下傳的球最快」

往空檔傳球，無論如何球都要比人慢，才能成功傳球。但若直接傳到人的腳下，想傳多快就多快，能夠以更快的速度推進。

❶ 支撐腳踩向球邊

支撐腳站位與踢球姿勢都和使用足背、足背內側踢球時相同。

❷ 足背外側踢球

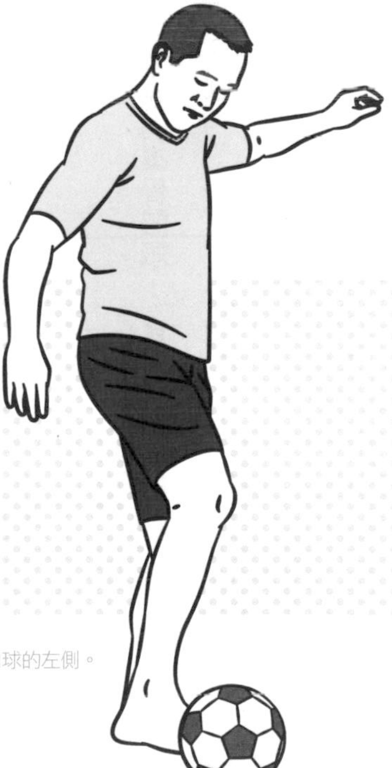

用足背外側踢向球的左側。

拉出較遠的距離。

支撐腳的站位與直直踢球時一樣，必須是踢球腳擺動後可以對球施加最大力道的位置。踢球的原理都相同，因此不管要踢飛球還是任何球，都不用改變支撐腳的站位和姿勢。只有一點不同，那就是必須朝著球心以下的位置踢出。

直直往前踢、往左右踢、踢高空球……，無論你想怎麼踢，自己與球的位置關係、踢球的姿勢這兩個重點，基本上都不會改變。差別只在於瞄準球的哪個位置而已。雖說因為瞄準的位置不同，實際上可能會稍微改變姿勢，但不需要為此大幅改變踢球的方式。

你想踢出什麼樣的球？要瞄準球的中心踢嗎？還是稍微偏右或偏左？還是要朝球心下方踢？只要考慮瞄準的位置產生的差異就好。

瞄準球心以下的位置

當你想要把球往空中踢時，只要瞄準球心以下的位置踢，球就會朝著上方飛去。

想要踢出較遠的飛球時，常常看到有人把身體稍微向後傾。確實用這樣的姿勢，腳趾更容易插入球下，就把球踢飛這個目的來看或許有其意義；不過事實上，這樣的做法只能踢出往上飛的高球，無法踢出有距離的飛球。

若要達到最遠的滯空距離，就必須讓球朝著45度角的弧線上升，然後再以同樣的角度落下。因為重力的關係，即使無法達成上述的完美拋物線，也不要對球施加太多向上的力量，用力往上踢只會讓球飛高，無法

只要瞄準球心下方踢，球就會往上飛出去。

埃杜的「拳骨」踢球

踢球的方式會顯現出踢球者的個性。接下來將以埃杜（Edu Marangon）[1]為例，介紹他特殊的踢球方式。

埃杜是**奇哥（Zico Coimbra）**[2]**的哥哥**，他曾經是巴西國腳，活躍於巴西國家足球隊。雖說埃杜本來就**以踢自由球（Free Kick，FK）聞名**，但他現役時踢出的拳骨踢球[3]仍然相當特殊。

這個方式雖然也是**腳尖踢球的一種**，但因為腳趾固定後才踢，可以踢出非常強勁的遠距離飛球[4]。雖然我未親眼目睹，但若以這個方式踢中球心，我想球應該會在沒有旋轉的狀況下飛射出去之後急遽下墜。雖然**腳趾應該會痛**到不行。

1.〔譯註〕埃杜．馬蘭貢，曾效力日本J聯盟的橫濱飛翼。

2.〔譯註〕其兄應為埃杜．庫因布拉（Edu Coimbra），非文中介紹的埃杜．馬蘭貢。

3.〔譯註〕日文拳骨為握拳之意，此處為此特別踢法之名稱。

4.〔譯註〕埃杜曾在J聯盟踢出四十公尺自由球得分，是沒有旋轉的飛球，全靠力量。

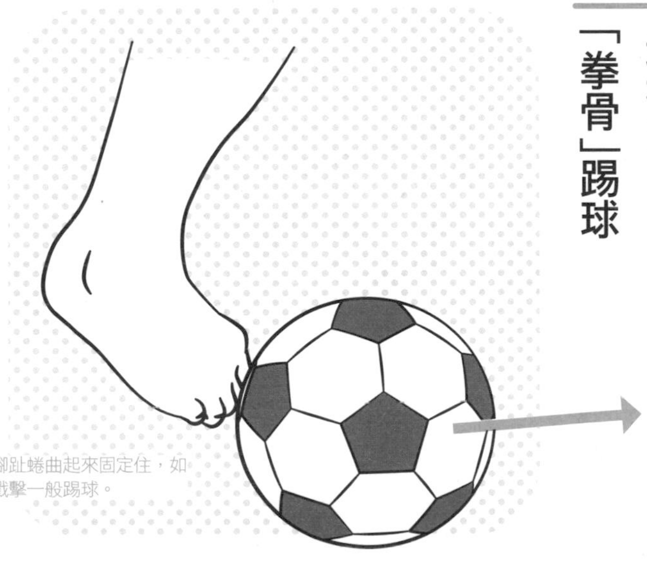

腳趾蜷曲起來固定住，如戳擊一般踢球。

抬高膝蓋直到踢球腳與地面平行後踢出

想要凌空踢出一顆飛球，關鍵在於不要把球往上踢飛。

如果踢到球心下方，就很容易發生類似的失誤。**最好瞄準球心或是稍微偏上的位置**，這是學習凌空踢球一定要先有的觀念。

凌空踢球不僅要截擊仍在空中的球，還要瞄準球心以免把球往上踢飛，因此揮動踢球腳時，必須將腳抬高到與地面平行後才能踢出。即使踢球腳已經抬高至與地面平行，也經常發生不小心踢到球心下方，導致球往上噴的失誤。

若要確保腳揮動時平行於地面，必須有意識地抬高膝蓋，使踢球腳平

3 瞄準球心踢

踢球時請瞄準球心，不需要太大的力道，只要施加正確的力道即可。

行於地面後再踢出。如果因為身體柔軟度不夠而無法在與地面平行的姿勢下揮動踢球腳，可以試著稍微把上半身往下倒來調整看看。

❶ 抬起膝蓋

抬高膝蓋來迎接球。

❷ 確保踢球腳與地面平行

確保與地面平行後再踢。

「踢球」技巧總結

- 學習踢球從認識球心開始。
- 足內側踢球點：腳跟附近。
- 足背踢球點：腳第二趾根部。
- 無論以足背內、外側踢球，或踢遠距離飛球，踢球姿勢與支撐腳站位都和使用足背踢球時相同。只要改變踢球「點」即可。

帶球過人的關鍵在於觀察對手的「重心」。
只要反其道而行，過人的成功率也會上升，
但是許多人卻只把注意力放在球上。
因此，本章將要解說觀察對手「重心」的方法。

CHAPTER 3

運球

運用腿後側的肌肉

運球　直線運球

運球的基本是**用最快的速度移動最短的距離**。有時候即使想要直線運球，也會不預期的產生左右搖擺的狀況，很多時候甚至無法精準的將力量運用於直線前進這件事情上。

因此在開始運球之前，首先要學會的第一件事，就是如何運用自己的身體。

直線跑動是距離最短且速度最快的移動方式，但是出乎意料地，很多人向前跑的時候，總是**無意識地使用大腿前側的肌肉，就像一邊踩著剎車一邊跑一樣**，無法發揮直線跑動的優勢。

一般來說，大腿前側的肌肉通常使用於停止動作，**前進的動作則主要由大腿後側的肌肉負責**。

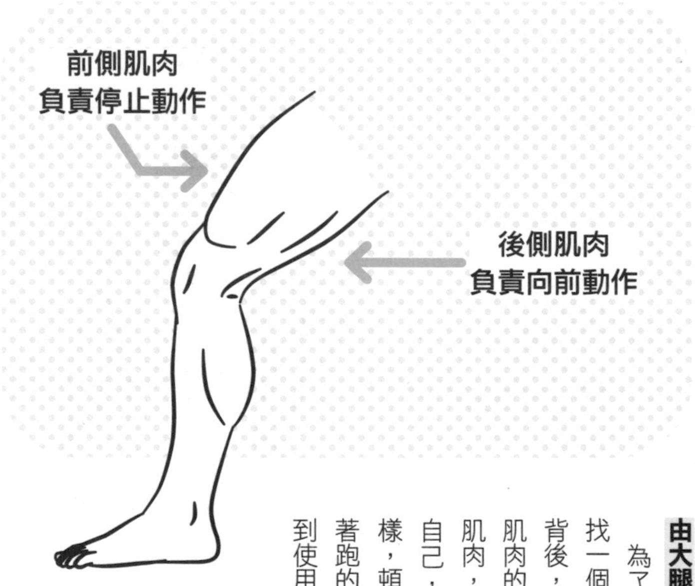

前側肌肉
負責停止動作
後側肌肉
負責向前動作

為了掌握後側肌肉的感覺，可以找一個人協助，請對方把手放在自己背後，透過被推著向前跑來熟悉後側肌肉的感覺。假如不小心使用到前側肌肉，即使有人從後方施加力量推著自己，還是會感覺好像拉著剎車一樣，頓頓的無法順暢前進。透過被推著跑的練習，可以讓身體更容易掌握到使用後側肌肉跑動的感覺。

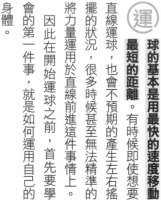

直線跑動

直線跑動要順暢，需練習如何使用後側肌肉。

掌握要領的方法

找一個人協助，從後方推著自己向前跑，藉此掌握使用大腿後側肌肉的感覺。

運球時，讓球追著身體的動作

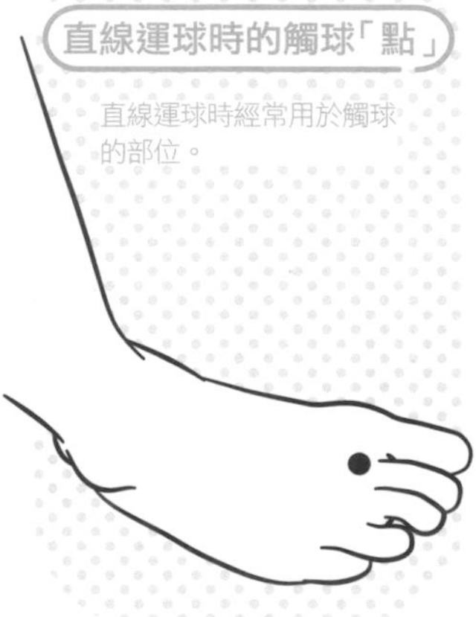

直線運球時的觸球「點」

直線運球時經常用於觸球的部位。

當你可以順利的直線跑動之後，接下來就可以開始學習如何帶球跑動。**運球時，請不要追著球跑，讓球跟著身體的動作才是正確的做法**。高速跑動時，總是一不小心就會發生追著球跑的狀況，但是這麼一來球就會離自己愈來愈遠。

請嘗試一邊意識著大腿後側的肌肉（注意不要使用到剎車用的前側肌肉），一邊帶著球跑動。

接下來，試著與球一起改變前進方向看看。轉向時，請注意不要做出過多無意義的動作，例如過度傾斜身體等。**帶球轉向時身體的動作，最容易理解的練習方式，應該是在無球狀態下進行反覆橫跳的練習**。實際執行反覆橫跳時，如果要往右方移動，很容易無意識地踢左腳，但事實上往右方移動時，應該用力的是右腳才對。

3 持續穩定帶球

不要使用到剎車的前側肌肉，持續穩定帶球前進。

運球時，腳上的觸球位置，也有好幾個選擇。

我自己直線運球的時候，最常用**腳拇趾與第二趾中間那一點來觸球**。

實際在場上踢球時，因為總是穿著球鞋的關係，一直以來或許都沒有認真意識到自己觸球的部位，但是從現在開始，我希望大家都試著找到自己能夠穩定帶球的觸球點。

第四趾與小趾之間、大拇趾等等，還有其他幾個不同的點，都可以嘗試看看。因為帶球改變方向的時候，觸球的位置也會隨之改變。

❶ 直線前進

直線運球時，不要讓球離腳太遠。

❷ 球不離腳

運用腿後側的肌肉，讓球緊跟著身體滾動。

改變球滾動方向的觸球「點」

帶球轉向時，根據觸球位置的不同，來改變腳上的觸球部位。嘗試找到最適合自己，能夠穩定運球的觸球點吧！

改變前進路線

改變前進路線時，注意不要過於傾斜身體。

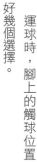

運球 帶球過人

觀察對手的膝蓋

運球時若遭遇對手，請盡量觀察對手的「膝蓋」。因為**對手的膝蓋會透露出他想前進的方向**。盯著對手的膝蓋，然後把球帶往相反的方向，對方就無法馬上出腳攔截你的球。

面對對手的防守時，若對方沒有把重心放在任何一邊的膝蓋上，某種程度上也代表著你可以自由選擇接下來帶球的方向。

另一方面，當對手把大部分的體重放在其中一邊，導致膝蓋彎曲角度過深時，即使不把球帶往反方向而是帶向對方的負重腳，對方也無法馬上出腳。因為腳承受太多重量的關係，如果不先把重心移到另一邊就無法動彈。

只要對手採取行動，觀察對方的

向左突破

❶ 觀察膝蓋

左膝彎曲代表對手的重心在身體左側。

❷ 往反方向帶球

把球朝對手右腳的方向帶。

向右突破

❶ 觀察膝蓋

右膝彎曲代表對手的重心在身體右側。

❷ 往反方向帶球

把球往對手重心的反方向帶。

❸ 帶球突破

直接從對手的身旁跑過，對方也無法馬上出腳攔截。

膝蓋，然後往相反的方向移動就好。**對方停止動作時，可以出其不意地向前稍微壓制對方**，這時對手通常會為了穩定身軀而採取兩腳站定的姿勢。此時，就是你能自由決定要把球帶到哪一邊的好時機。

對手把重心放在哪一隻腳上？只要你能敏銳地察覺這一點，對手採取行動的那一瞬間，你就能以最快的速度往反方向移動。

壓制三名對手

被三個對手包夾的狀況下如何不掉球？舉例來說，當你發現有三個對手分別從右側、左側與正面包夾，試圖搶奪自己腳下的球。

此時，第一件事就是保護腳下的球，不讓左右兩邊的對手截走。這個時候，我會用左腳去牽制左側對手的右腳，同時用右手碰觸右側對手的左大腿，來確保自己能隨時掌握兩人的位置和動向。

接下來，將視線鎖定在正面對手的膝蓋上，確認對手的重心之後，將球帶向對方難以立即反應的方向。

從這個例子可以看出，在某些狀況下，身體的手、腳等部位也能作為感知對手動態的利器來運用。

❶ 封住左右兩人的行動

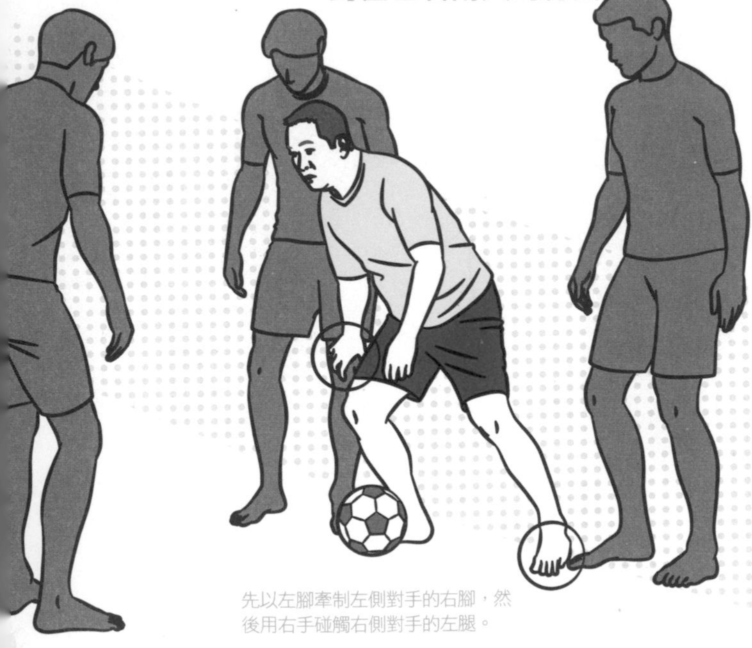

先以左腳牽制左側對手的右腳，然後用右手碰觸右側對手的左腿。

❷

攻略正面對手

緊接著，觀察正面對手的姿勢來伺機運球過人。

足球愈踢愈好的風間語錄 6

「製造背後空隙」

對於試圖傳球的控球者來說，如果可以製造後衛背對自己的情況，便能取得優勢。因為後衛沒有盯著球的關係，就能直接通過他並傳球。

拉一下 再用軸心腳向前帶

左腳底稍微把球往後拉。

帶 球跑動時，用腳底拉一下把球稍微往後帶之後，同時用另一隻腳把球往前帶。

記得要在拉球的那隻腳著地之前，就盡快用軸心腳將球往前帶出去。這個動作可以稍微改變運球的節奏，因此會用於擺脫對手的盯防。

足球愈踢愈好的風間語錄 7

「加入己方攻勢」

很多人所謂的人數不利、或人數相同，經常沒有把「自己」算進去。原則上，只要每次把球傳出去後都主動前往支援，即使己方和對手原先是一對一人數相等，也會瞬間變成二對一的優勢。若能持續執行支援的動作，就有機會瓦解對手的防守。

❸ 軸心腳前壓

拉球瞬間同時用右腳把球往前踢。

❹ 左腳控球

用左腳去控制往前滾的球。

EXTRA 運球 牛尾巴過人

足背外側 觸球帶往反方向

❶ 假裝把球往右邊帶

右腳足背外側觸球後，由上方壓住球。

首先，用右腳足背外側觸球。看到這個動作，對手自然會認為你要把球往右邊（從對手的方向來看是往左）帶。此時，在足背外側碰觸到球的瞬間，維持這個姿勢從上方壓住球，然後扭轉腳踝把球帶向左邊。

足球愈踢愈好的風間語錄 8

「視線一致」

傳球時，傳、接球雙方的意圖必須一致。所謂的傳接意圖一致，指的是傳球者理解到接球者希望自己在什麼時機、哪個位置傳球，而接球者也能洞悉傳球者瞄準的傳球位置，是一種心有靈犀的狀態。

2 扭轉腳踝向左

就像掌握住球一樣，把球朝左方扭轉回來。

3 把球帶向左邊

拉球並藏在身後

運球時用腳底踩住球，維持此狀態並踏出另一隻腳。身體已經向前了，但踏住球的那隻腳還停留在原地。這麼一來，就能根據對手的反應來決定自己該往哪個方向運球，以達到擺脫對手的目的。

雖然身體跟腳的動作都已經越過球了，但是**接觸球的那一隻腳卻不能從球上離開**。腳上的觸球面則會從一開始的腳底移動到腳尖，最後來到腳背。一腳維持在觸球的狀態，是執行這個技巧的重點。

完成這個動作後，要把球往左右帶開時，會需要正確使用足內側或足背外側來踢球，這在執行上或許並不容易。

❶ 運球

❷ 踩住球

用右腳腳底踩住球。

與對手僵持不下時，運用這個技巧就能把球從對手的視線當中隱藏，讓對方無法輕易出腳抄截。因為自己的身體卡在對手與球之間的關係，若要抄截就必須想辦法繞過自己這個障礙物。當對手試圖這麼做的時候，我們就能將球帶往相反的方向來擺脫對手。

運用情境

即使被對手壓迫，也能靠藏球來觀察對手的動作，並伺機將球帶往反方向以擺脫對手。

❸ 藏球

左腳往前踏，右腳維持觸球動作。

❹ 往反方向帶球

最後運用右腳的足背外側或足內側，將球帶往對手的反方向。

運球 EXTRA 瞬間轉身

對手在背後盯防時，透過瞬間面向對手來轉身

右 下圖的情況，是接球者最容易掉球的狀況之一。對手已經從背後逼近了，你為了接隊友傳過來的球，注意力都放在球上而沒有注意到身後對手的動向。可是如果把注意力都放在對手身上，就會接不到球。就這個狀況來說，球與對手的位置分別在相反的兩個方向，接球者無法同時兼顧，是容易掉球的主因。

面對這個問題，可以先調整為面向斜前方的姿勢。我們不可能看見正後方的對手，但可以調整成斜角的姿勢，至少當視線越過肩膀之後，可以讓對手進入自己的視野當中。

此時的停球方式，**不只要在對方的盯防之下保護球，還要採取瞬間朝前、面向**

❶ 藏球

以右腳停球，將球藏在左腳前方。

❷ 左腳往前

左腳越過球邊踏向前方。

最容易掉球的狀況

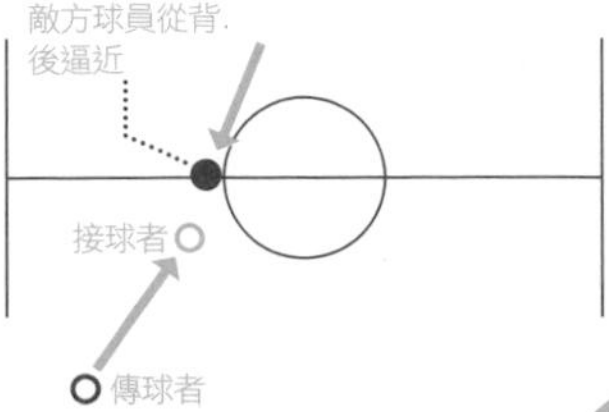

對手的控球技巧。

執行此技巧的**重點，在於第一次觸球時就必須把球隱藏在對手的視線之外**。在這個例子當中，我們先用右腳停球，且必須把球停在左腳前方附近的位置。只要把球停在這個位置，就能阻擋對手的視線，讓他難以盯住球。

對手在不確定球的位置的情況下，如果直接伸腳或產生肢體碰撞，就會被判犯規，因此對方應該會稍微停下動作觀察狀況。這個瞬間就是把身體朝向對手的時機。完成剛剛的藏球動作之後，左腳朝向右前方移動，順時針轉半圈的同時收右腳。瞬間做出上述動作完成轉身後，正好與對手面對面。

正確完成藏球動作後，接續的這個轉身動作相當困難，但是只要成功，就能在逆境之下一口氣扭轉情勢，因此請務必試著執行看看。

3 右腳往後

4 面向對手

5 往反方向帶球

右腳像要收腳一樣往後方踏步。

在對手停止動作的那一瞬間，正面朝向對手。

把球往對手的反方向帶。

「運球」技巧總結

- 「運球」的基本是用最快的速度移動最短的距離。
- 向前跑動時，要使用腿後側的肌肉。
- 直線運球時，使用腳拇趾與第二趾中間那一點來觸球。
- 為了不讓球離自己太遠，不要追著球跑，盡量讓球跟著身體的動作。
- 運球時需觀察對手的膝蓋來確認對手的重心位置。

傳球成功靠的不是隊友，而需觀察對手的意圖。
同時，傳球者與接球者若能在傳球「時機」上互相配合，
即使沒有空檔也能傳球成功。
本章將會說明如何引開對手的注意力，
以提高傳球成功率的方法。

CHAPTER 4

傳球

觀察對手
而非隊友

(傳)球**與「運球」的原理相同，都需要觀察對手的膝蓋**。

為了更快進入狀況，請參考左頁右上方的圖片。在這個情境裡，帶球的隊友Ⓐ正把球往你這邊傳來。此時，在自己右前方的位置，除了隊友Ⓑ以外，還有一名敵方後衛。當然附近還有其他隊友與敵方後衛，但在這裡我們試圖將球傳給隊友Ⓑ。那麼對己方來說，就等於必須先「解決」掉Ⓑ附近的敵方後衛。

首先，我做出這個判斷的「時機」，就在球離開隊友Ⓐ腳下往自己滾來的瞬間。當然，在做出判斷之前都必須隨時注意場上情況，但**做出上述最終決定的時機，就在隊友將球傳到自己腳下的這一小段時間**。在此期間，球不屬於任何一方，是難以改變場上狀況的瞬間。假如情況在此時產生變化，可以更早做出判斷，不過這個部分請容後續再說明。

這邊我們先假定，隊友Ⓐ把球踢向自己，球也順利到了腳下。

此時，我們應該觀察的對象，應該是離自己更近的敵方後衛，而非隊友Ⓑ。更進一步來說，**我們真正應該注意的，是後衛的「膝蓋」**，就像「運球」遭遇對手，彼此對峙時也需觀察對方的膝蓋是一樣的道理。在這個狀況當中，我們可以透過觀察敵方後衛的膝蓋，來判斷他的重心位置。

假設可能發生以下三種情況：

①後衛兩腳的膝蓋皆未偏移，重心沒有移動。

②後衛的右膝彎曲，重心放在右腳。

③後衛的左膝彎曲，重心放在左腳。

假如發生狀況①，對手處在重心沒有往任何一邊移動的狀態，根據隊友Ⓑ的位置，我們可以把球一腳傳給隊友。因為在此狀態下，敵方後衛就像一根站著的棒子，只要傳球的速度不要太慢，後衛基本上都無法反應，因此能夠順利傳球。

假如發生狀況②，若對手把重心放在右腳，這對我們來說是最輕鬆的狀況，可以很簡單的把球傳出去。

在狀況③的情境當中，假如敵方

① 後衛的重心未往任何一邊移動

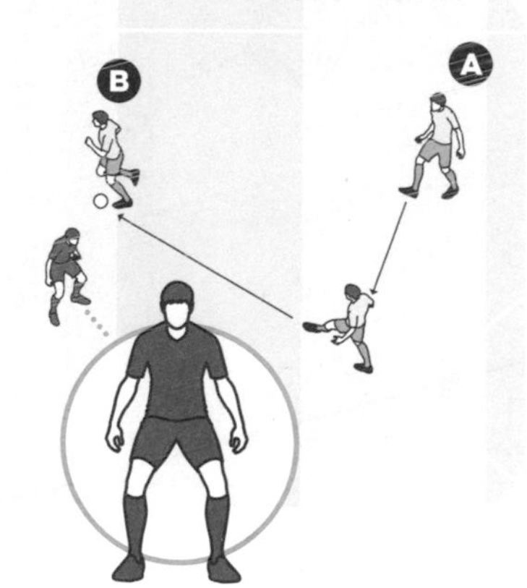

② 後衛把重心放在右腳

③ 後衛把重心放在左腳

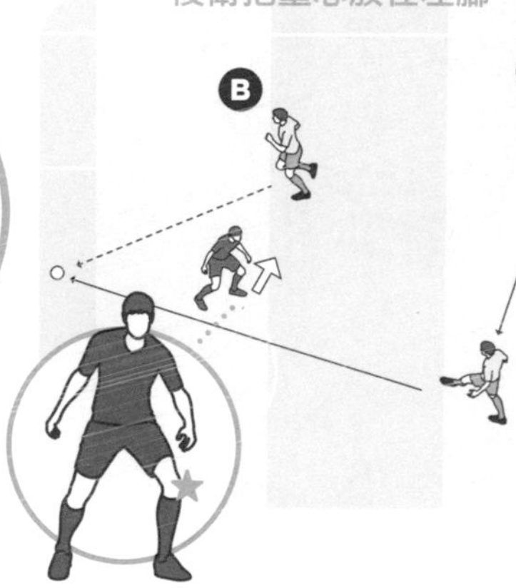

後衛開始往左側、也就是隊友Ⓑ的方向移動，此時若直接將球傳給隊友Ⓑ，就有被後衛攔截的危險。因此若遭遇狀況③，我們可以先慢下來停球，等敵方後衛往Ⓑ移動後，再把球往後衛右腳這一端傳。

傳球成功與否的關鍵並非隊友，而是取決於對方防守球員的動向（重心的位置），因此**傳球時，你應該觀察的是對手而非隊友**。

當隊友Ⓐ一把球往自己的方向傳，對手在這瞬間應該已經行動了，只要觀察場上（對手）狀況，就能簡單判斷對手接下來的動向。若敵方後衛預測到我們的傳球對象是Ⓑ並往Ⓑ移動，則無需停球，直接一腳將球傳往後衛右側的空檔吧！

傳球

注意對手的前進方向

觀察對手的前進方向（箭頭）

觀察對手膝蓋的目的，是為了洞察對方的動作。我還是現役選手的時候，習慣觀察對手的「腳踝」。無論觀察的是對手的哪個部位，都只是解讀訊息的手段而已，因此只要能達到目的，就不需要拘泥於部位。只不過膝蓋應該是比腳踝更容易看出端倪的地方罷了。

有時候不需要特地觀察膝蓋，就可以看出對手的動向。通常是對手已經很明顯地暴露出行動的方向性，也就是暴露「前進方向」的狀態。

只要掌握對手的前進方向，就能往相反方向、或是稍微偏往其他方向的位置傳球。剩下的，就是確認該傳球路線上是否有隊友能接應。如果只是把球傳出去，但沒有把球傳到隊友腳下，等於傳球失敗。因此，也不能完全不注意隊友的動向，但是首要關注的對象還是對手。如果只關注隊友的位置與動向就貿然傳球，萬一對方的附近有敵方球員，就很容易發生球被抄截的狀況。因此，請務必謹記：**首先看對手，再來看隊友。**

對手暴露前進方向的具體案例，可參考左頁圖片。

當我們想要從右路傳中，中路有己方前鋒（Forward，FW）與敵方後衛各兩名。

從這張圖上，很明顯可以看出敵方後衛正以最快的速度往球門回防①。如圖上箭頭所示，是一個前進方向非常明顯的例子。這個時候只要往相反方向傳中，後衛便無法攔截傳球，能夠確保球權。

如果後衛回防的目標不明確，在無法確定前進方向的狀況下，通常會選擇送出傳中球到後衛與守門員（Goalkeeper，GK）之間的空檔②。假如後衛停下腳步，或是慢慢回頭盯防，因為後衛的動作無法看出強烈的目的性，因此可以選擇直接把球傳到後衛與守門員中間的位置。

從外圍傳中時，**傳、接球雙方的意圖必須一致**，否則球很容易被中途攔截。而傳、接雙方的意圖一致的關鍵，不在己方球員而在敵方後衛身上。敵方後衛是否暴露了前進方向？還是不明確？如果對手確實顯露出目的性，他的意圖是否強烈？只要傳、接雙方能夠共享上述情報，無論

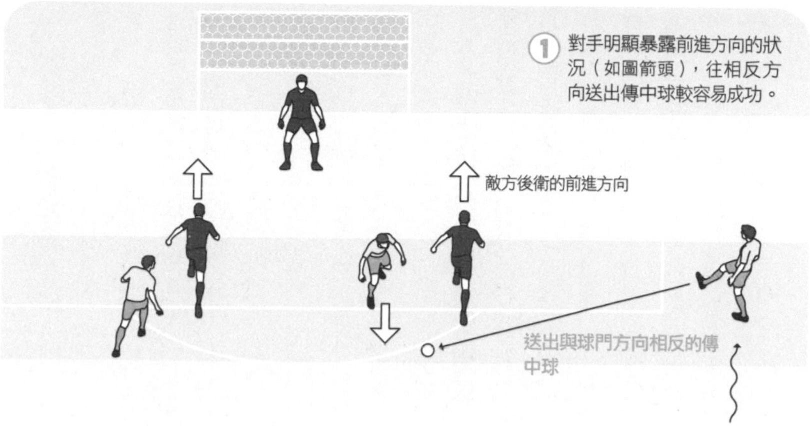
①
對手明顯暴露前進方向的狀況（如圖箭頭），往相反方向送出傳中球較容易成功。
敵方後衛的前進方向
送出與球門方向相反的傳中球

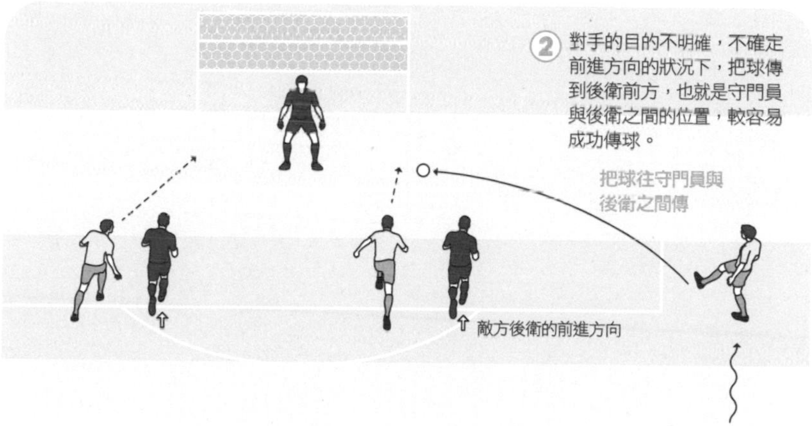
②
對手的目的不明確，不確定前進方向的狀況下，把球傳到後衛前方，也就是守門員與後衛之間的位置，較容易成功傳球。
把球往守門員與後衛之間傳
敵方後衛的前進方向

CHAPTER 4

往哪個位置傳中，接球者都能接應到。

要是知道球會從哪個方向來，接球者只要潛伏在敵方後衛背後，等待球被傳出來的那一刻就好。因為接球者潛藏在敵方後衛的視野之外，對方看不到己方的動向，自然也無從盯防。隊友只要一傳球，**敵方後衛的視線必然緊追著球，接球者就能利用這一瞬間的空檔**接住隊友的傳球。

仔細觀察對手的意圖，並讓傳、接球雙方的意圖達到一致吧！

传球 移除對手

反過來利用
對手的前進方向

當對手的前進方向（箭頭）與己方重疊時，即使傳球成功，接球的隊友也無法自由行動。

如同下方這張示意圖一般，若傳球給隊友時，敵方球員也朝著同一個方向前進，最壞的狀況可能是球被敵方攔截，或即使傳球成功，也會使隊友陷入被敵方緊迫盯防、難以施展的狀況。但**如果己方球員在跑動中稍微停下腳步，就可以透過偏離前進路線的傳球來打開局面**。

有時候可能己方接球員已經停下腳步，或是正要停下腳步，對手卻還是循著適才雙方一致的前進方向奔跑過來，遇上這種情形，請把球傳到偏離前進方向、距離接球者腳邊稍遠一些的位置。

× 前進方向重疊

敵方的前進方向
和己方重疊時，
傳球風險高。

○ 改變前進方向

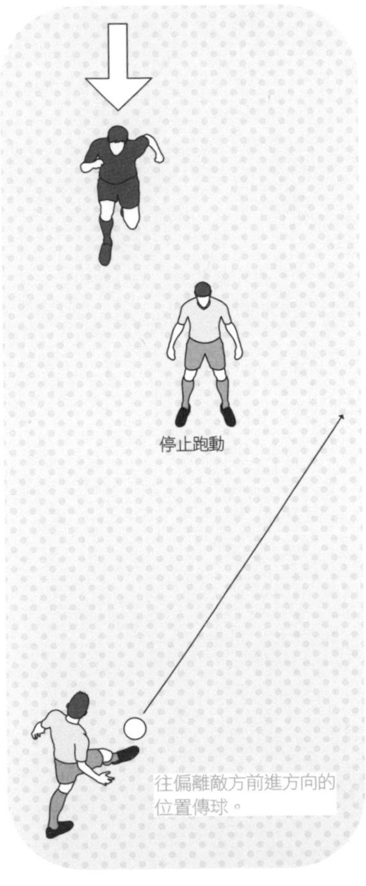
停止跑動
往偏離敵方前進方向的
位置傳球。

這麼一來，由於仍往同一方向前進的敵方球員需花較多時間轉向，而己方球員則早已停下腳步，因而得以先接應到這顆傳球。由此可見，在賽場上若只關注隊友，就不可能傳出這樣的好球。正是因為我們事先確認了對手的行進方向，才能傳出偏離對手行進路線的好球。雖然這樣的傳球無法直接傳到隊友的腳下，但只要放慢傳球速度，就能傳出一個隊友容易接應的傳球。

傳球的第一件事，就是學習事先觀察對手。**只要確認對手的狀況，就能找出對手無法防範的傳球空檔**。如果該空檔沒有隊友接應，或是真的找不到任何傳球空檔，那就不要急著傳球，再試著找找看是否有其他傳球空間。要是真的傳不出去，就需盡快放棄找尋下一個機會，愈快愈好！

改變跑動方向需要時間
即使放慢傳球速度，隊友也能輕鬆接應
由於正往同一方向前進的對手需要時間轉向，因此己方球員能夠早一步接應到這顆傳球。

「傳球」技巧總結

- 傳球時，觀察對手而非隊友。
- 球傳往自己腳下時，觀察對手膝蓋並確認重心位置後，再決定傳球路線。
- 只要對方暴露前進方向，可偏離該方向傳球或往反方向傳球。
- 從外圍傳中時，傳、接球雙方的意圖必須一致。
- 由於敵方後衛的視線必然緊盯著球，利用這一瞬間的空檔去接應隊友的傳球。

「梅西是天才，我不可能踢得像他一樣好。」
真的是這樣嗎？即使無法複製梅西，
但我們能培養出具備梅西技術的選手。
每個人都應該以梅西為目標，學習梅西的技術。
無論在「停球」、「踢球」，還是「運球」各方面，
梅西都是你最好的學習典範。

CHAPTER

5

梅西解剖圖鑑

「停球」、「踢球」與「運球」的最佳範本

全能之神 跟梅西學足球

1

足球技術之集大成

——原本打算請風間先生透過不同球員的影片來解說停球、踢球與運球等技術，結果得到「梅西（Lionel Andrés Messi）似乎是所有項目的不二人選」的回覆，所以這一章就變成專門「論梅西」的章節了（笑）。

風間　雖然每個項目都有許多優秀的球員，但是如果要找出最適合示範「停球」的影片，那大概就是梅西了。「踢球」與「運球」也是如此。從這裡我們可以看出一個重點，那就是梅西的「停球」、「踢球」與「運球」是一組動作。也就是說，他的「停球」、「踢球」與「運球」一氣呵成，沒有界線。

——一組動作？

風間　梅西的「停球」與「運球」並非各自為政的動作，他停球時乾淨俐落的程度，甚至可以讓人看清球上有什麼圖案。也就是說，他「停球」與「運球」非常清楚，一點都不含糊。從這個角度來看，我們可以很清楚的區分出梅西「停球」與「運球」動作的不同。而所謂的「一組動作」，簡單來說就是無論他要做哪一個動作，球都會從同一個位置出發。梅西「停球」的位置，也是準備「踢球」的位置。他一定會把球停在準備踢球的位置。「運球」也一樣，他一定會從可以「踢球」的位置開始運球。即使在最高速的狀態下，也不會掉球。梅西的動作永遠是一組連續動作。

——在高速運球的狀況下也能將球控制在腳下，確實是梅西的特色呢！

風間　梅西的運球動作很獨特。實際去看梅西運球的影片，會發現幾乎看不到他的鞋底。當然不是完全看不到，但是跟其他的選手比起來，看到的比例明顯較低。

梅西的動作沒有「界線」

跑向對手→對手飛奔而來，帶球過人→沒有任何停頓，繼續帶球過下一個人……，梅西的動作一氣呵成。無論在任何情況下，梅西都會把球控制在左腳前方，以便接續下一個動作。總是把球控制在能夠接續下一個動作的位置，就是梅西的持球方式。

——是不是因為他用向後踢的方式跑動？

風間　他跑得就像在滑行一樣，以雙腳交互向前踏出的方式跑動。與田徑運動的跑動方式相當不同。

——梅西是為了不讓球離腳太遠才這樣跑的吧？我們通常會看到球一直被控制在他的左腳前方。

風間　如果是100公尺短跑，田徑的跑法當然是最適合的，但足球你很少會帶著球跑100公尺。高速跑動約10公尺，而且還要把球控制在可以隨時控球的位置，若要達成這些目的，我認為梅西的跑步動作是最合理的。

——所謂的沒有界線，也就是梅西總是能把球控制在自己能隨心所欲連接每個動作的狀態，即使在高速跑動的狀態下也一樣。因此就算沒有什麼空檔，他也能流暢進攻。

風間　他擁有壓倒性的頂尖技術。當梅西運球時，對手完全看不出他接下來到底是要繼續把球往前帶、還是要射門，抑或是傳球？「對手無法看出自己的意圖」也是梅西論中的一個重要主題。

——他踢球時會確保自己與對手之間的距離。

風間　運球時，他不會主動迎向對手，而是盡量閃避他們。一般球員進攻時，通常會上前壓制對手，做出假動作誘騙對手移動重心，再往相反方向突破；然而梅西帶球時，基本上都是以閃避為主。當他帶球進攻時，只要遇到對手都會盡量閃躲。

——就好像障礙賽一樣。

風間　梅西在切入的判斷上與擅長切入的羅本（Arjen Robben）也不盡相同。羅本進攻的時候，如果發現自己是一打四，恐怕不會選擇射門。但如果是梅西，即使是一打四，他也會選擇射門。

田徑選手的跑動方式是向後用力踢出腳步，但梅西不同，他帶球跑動時總是把腳往前踏出，就像在滑行一樣。

——也就是說，梅西只有一個，他是不可取代的。我認為即使向梅西學習，也不可能成為梅西，那麼為什麼我們需要關注梅西的技術？

風間　我們無法訓練出下一個馬拉度納（Diego Armando Maradona），但出乎意料地，我們或許可以訓練出下一個梅西。

——是嗎？

風間　就現況的訓練方式與機制來說，確實不可能。只靠訓練或許無法訓練出下一個梅西，但是如果改變想法，或許更容易找到可能成為下一個梅西的潛力新秀。以現況來說，我們連一位球員是否擁有成為梅西的才能都無法判斷，就算找到這樣有潛力的球員也不可能把他培養成梅西。

——現況的問題是什麼？

風間　就現狀來說，日本的足球員就好像「河裡的石頭」一樣，在不斷滾動之後，稜角被磨得愈來愈圓。甚至

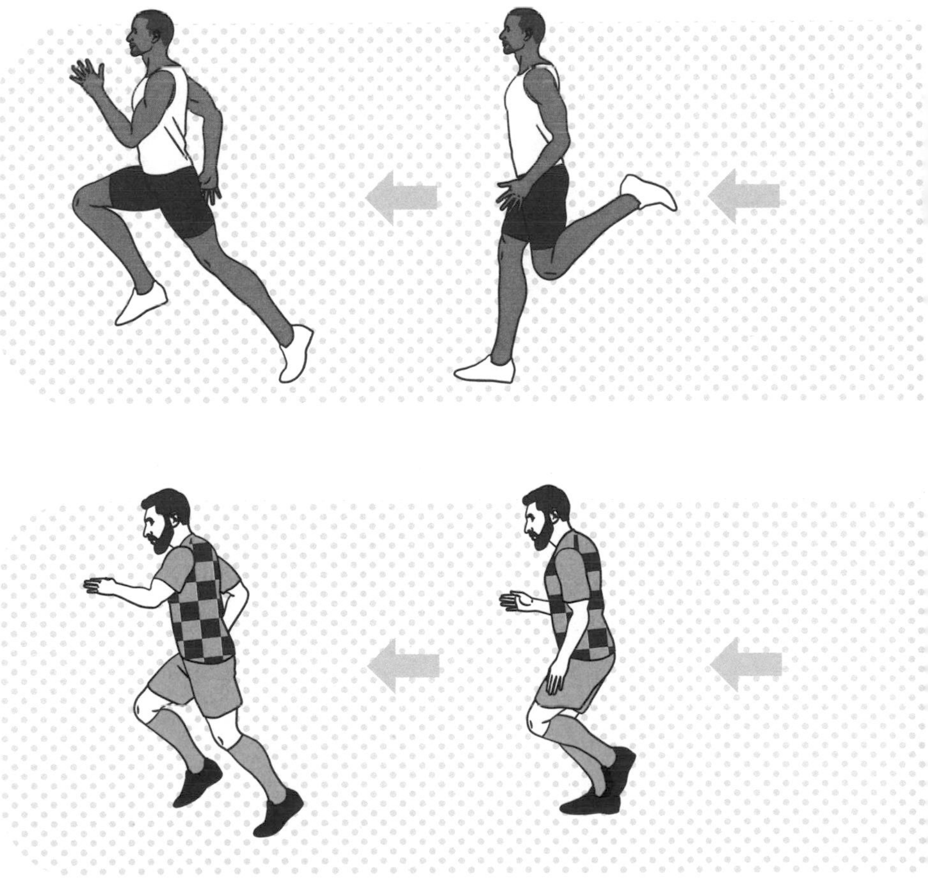

可以說目前的訓練模式，就好像是為了訓練出一個圓滑的石頭而打造一般。某個程度來說，有部分也是為了符合職業球賽的規格，把球員訓練成適合的職業選手。

——那我們該如何改變現況？是否能舉例呢？

風間　我目前正在考慮的一個訓練方式，就是運用VR等技術來輔助訓練。例如模擬突然遇到對手時，如何帶球閃避的訓練等等。另一個想法是從訓練環境的面向考量，我目前在實行一項特殊訓練（簡稱特訓），是讓很多不同年齡層的球員一起踢球，有點像街頭足球的感覺，目的是讓孩子們透過與許多體格迥異的對手一起踢球，訓練他們的反射神經和應對不同狀況的足球智慧。身形矮小的對手、高大的對手、速度快、速度慢的對手、強勢的對手……，當他們和各式各樣風格迥異的對手踢球，可以學習到許多只和同儕練習無法學到的技巧。無論如何，除非領導階層能提供前所未有的訓練與環境，否則就算有天賦與梅西相當的孩子，我們也無法察覺。

——原來如此。如果想要訓練出一個規格以外的球員，那就必須提供規格以外的練習與環境。可是，像梅西這麼有天賦的球員，可能五隻手指頭都數得出來，即使如此，大家還是要以梅西為目標嗎？

風間　我認為所有人都應該以梅西為目標。因為梅西是現代足球技術的集大成。例如，德國中場托尼·克洛斯（Toni Kroos）的「停球」與「踢球」技巧都是頂尖的，但是卻無法像梅西那樣「運球」。克洛斯當然是非常優秀的選手，但如果要找一個榜樣來學習，那毫無疑問的就是所有技巧都精通的梅西。把梅西視為「解答」，從這個方向出發，去理解這些技術如何成立，然後從基礎開始慢慢學習。與其說是要把自己訓練成梅西，不如說是把梅西當成技術的最佳範本，並且朝著這個目標前進，這才是最重要的。

——如果以梅西為目標，結果發現「我果然還是克洛斯」或是「我好像比較適合成為ＶＶＤ[1]」，是不是就朝這個方向前進就好？

風間　當然不是每個人都能成為梅西，應該說大部分的人都無法成為梅西吧！

雖然練到最後可能會成為不是梅西的其他人，但我認為重要的是我們都必須去了解梅西擁有的技術內涵。即使是與梅西同樣效力於巴塞隆納足球俱樂部（ＦＣ Barcelona，簡稱巴薩）的其他球員，踢球的技巧和位置也都不同[2]。但是他們都對梅西瞭若指掌，然後各自運用自己的天賦，在球場上各司其職，去做自己可以辦到的事。如果他們不瞭解梅西如何踢球，在球場上就很難跟梅西配合。所以從這個角度來看，為了培養出可以與梅西配合的球員，所有人都應該學習梅西的技術。

與足球融為一體，盡量閃避對手

梅西一腳就將從右方傳來的球控制住，繞過第一個防守球員之後，再閃過第二個防守球員。梅西一開始只用一個動作將球控制在腳下的範圍，他閃避對手時已經和球融為一體，因此沒有花太多時間就閃過了第二位防守球員。

1.〔譯註〕ＶＶＤ（Virgil van Dijk），荷蘭的中後衛，現在效力於英超利物浦。

2.〔譯註〕梅西２０２１年轉會到法甲的ＰＳＧ。

梅西的「停球」

2

把球停在準備踢球的位置

——梅西的厲害之處在於他能串連所有動作成為一整套連貫動作，因此我們必須反過來去拆解他的每個技術（笑）。例如，梅西的「停球」為什麼傑出？

風間　只要看影片就知道，梅西停球時會有一個瞬間，我們可以很清楚的看見球上的圖案。這是因為球在這一瞬間停止轉動，真的完全靜止下來的關係。

——正所謂「停球」呢！

風間　雖說如此，我想事先澄清，並不是球靜止下來就等於完美停球，關鍵在於必須把球停在可接續下一腳動作的位置才是最重要的。

「停球」與「踢球」的位置一致

接住來自右方的傳球之後立刻射門。因為梅西「停球」的位置就是「踢球」的位置，因此只要一個動作就能踢出強力射門。

——梅西總是能把球停在接續下一腳的準備位置上。

風間　這是因為梅西總是把球停在可以直接「踢球」的位置。以後衛為例，仔細觀察會發現很多人經常在停球之後，再多碰球一次來把球放到踢球的位置上。由於後衛經常需要踢出長傳球，所以會把球放到離腳邊較遠的位置，但那也代表停球時，球並沒有被停在下一腳觸球就能踢出的位置。這麼一來，在節奏上就會慢一步了。停球之後還要再次調整球的位置，代表球沒有被停在準備踢球的位置。

——也就是說，停球的位置無法接續踢球的動作。

風間　梅西幾乎不會調整球的位置。停球後，馬上就能踢出一腳長傳，踢球的動作也不大。

——風間教練經常說「無法踢球的

位置，就不是停球的位置」，而梅西顯然就是為了踢球而停球，因此停球的位置也非常明確。

風間 「運球」也一樣。剛剛曾經提到，梅西停球時「某一瞬間我們能看見球上的圖案」，由於梅西會馬上進入下一個動作，即使每次觸球我們可以看到球的圖案，但梅西和球其實是持續不斷移動的。不過，梅西與球之間的位置關係不會改變。即使梅西開始「運球」，他和球基本上都維持著一定的位置關係。

——無論「運球」或「停球」，梅西與球都維持著一致的位置關係，因此才能在運球途中突然來一腳射門，或是瞬間傳出一顆好球。

2 梅西的「停球」

—在某一場比賽之中，梅西只用腳尖碰了一下，球就停下來了。看起來就像是一個自然而然的動作，但梅西只用腳尖「點」了一下，球就瞬間停下來了。我當時就覺得從梅西的停球動作，可以很清楚看出停球時應該觸球的位置。

風間 碰觸球的哪一點才能讓球停下來，的確可以從梅西的停球中明確的看出來。

—梅西停球的方式，讓人覺得他與球接觸的時間非常短。

風間 接觸的位置只是一個點，確實是非常快！

—在我們這一代，甚至直到現在，教練一般都會告訴我們要用腳吸收球的衝擊力，就像「球擊中窗簾」一樣。可是這麼一來，與球的接觸時間就會變長，無法像梅西那樣瞬間停球。

風間 梅西無論停高空球或是停滾地球，速度都很快，運球時也是以同樣的方式觸球。我也曾經被教練要求用輕柔的方式停球。但即使如此，球接觸到腳的表面，也不可能因此就變得像海綿一樣柔軟。到了今天，雖然我們已經理解到就物理上來說，即使是硬碰硬也能使物體停止下來，但因為曾經受過上述訓練，所以從來沒有想過可以這樣停球。

—風間教練曾經說過，停球時接觸球的一個點，比起接觸球的一個面來得穩定；梅西的停球正是這種停球方式的體現。梅西用腳尖停球的那一幕，就是點對點的停球，令人印象深刻。

風間　梅西停球的時候，身體應該朝向哪一個位置，這部分也調整得很好。他把球停下來時，身體也恰好調整到可以做任何動作的位置。我經常說踢球要「就戰鬥位置」，如果你停下球的瞬間，身體也處在可以自由動作的位置，對手就無法採取行動。

——即使對方想要切進來搶球，由於梅西已經調整好姿勢，因此也能簡單的躲過對手的逼搶。

風間　梅西停球時也阻止了對手的行動。他經常在停球的瞬間啟動下一個動作，這也讓「停球」與「運球」之間的間隔變得非常短暫。當梅西停球時，對手的動作也停了下來，因此他能簡單的跟對手拉開一定的攻防距離。接下來梅西只要維持這樣的狀態，盡量不讓對手侵犯到自己的動作空間，就不會被對手困住。

——如果強行上前逼搶，就有很高的機率被梅西胯下過人。

❶梅西「停住」從右邊來的傳球。❷前來防守的球員無法及時停下腳步，梅西用左腳外側將球帶往左邊過人。

風間　實際上，如果是技術水準較高的防守球員，通常不會考慮直接上前搶球。一般會採取限制進攻對手的方式，盡量讓對手在威脅較小的狀況下傳球。例如像克洛斯這樣的防守球員，某種程度可以做到上述守備，但面對梅西通常沒有這樣的餘裕。梅西只要一停球，防守球員通常無法採取任何行動，只能在心裡祈禱「大家趕快過來防守」，就像被一把手槍指著頭一樣。

在停球瞬間緊盯著球

——梅西停球時，由於觸球時間相當短，不太容易看出他視線停留在球上多久。

風間　我想梅西在停球瞬間就會立刻看球了。觸球瞬間若視線不在球身上，就不可能做出正確的動作。梅西在停球前後、甚至是停球之後，視線都不在球上，只有在停球的那一瞬間，他一定會緊盯著球。

——如果對手就在附近，很容易因為過於在意對手的動向，導致視線太早從球上移開。

風間　觸球之前，最好先觀察一下周遭的狀況。在球傳到自己腳下之前，因為球還未受任何一方控制，正是環顧四周狀況的良機。不過，觸球瞬間請務必緊盯著球，否則你的觸球動作可能會發生失誤。只要完成停球動作，就不需要靠眼睛來確認球的位置，可以繼續觀察對手與周遭的狀況。

——踢球時發生的失誤，大部分來自於沒有確認球的動向而發生漏球，不然就是沒有好好確認周遭與對手的狀況而發生的判斷失誤。

風間　觀察梅西看球的時間有多短，或許是滿有趣的著眼點。雖然觸球的瞬間眼睛一定要盯著球，但梅西把視線由周遭和對手轉移到球上的最後那一刻是何時呢？看球的時間愈短，就有更多時間觀察周遭，因此盡量縮短視線在球上的時間，就能為自己創造更有利的狀況。

——梅西的觸球動作速度很快，只要觸碰球的一個點就能完成停球，這似乎也是因為他能在很短的時間內看出正確的觸球點才能辦到吧！

風間　就好像他的腳上有一個感應器一樣，畢竟他在停球之前幾乎不太花時間看球。

——該說梅西停球前不需要準備動作嗎？他的停球動作看起來非常省力。究竟該怎麼做才能像梅西一樣，擁有腳上的「感應器」呢？

風間　應該是經驗豐富的關係吧！我認為差別在於梅西的觸球次數與眾不同。我們雖然也是從小就開始練習踢球，但應該沒有人做到像梅西一樣，回家之後還在餐桌下面踢球。

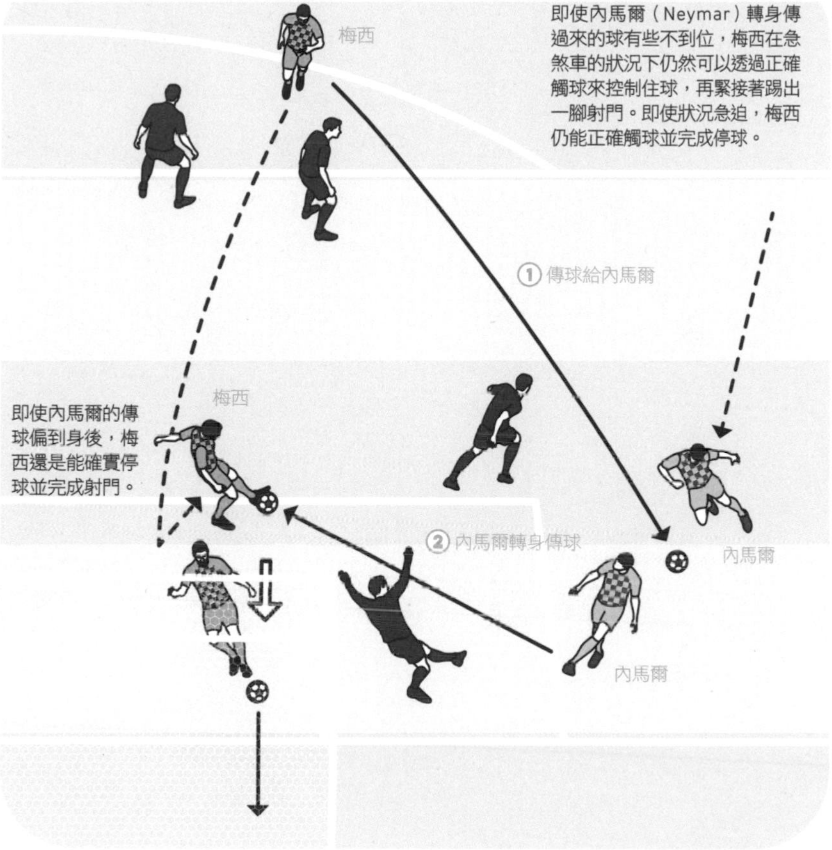
即使內馬爾（Neymar）轉身傳過來的球有些不到位，梅西在急煞車的狀況下仍然可以透過正確觸球來控制住球，再緊接著踢出一腳射門。即使狀況急迫，梅西仍能正確觸球並完成停球。
梅西
① 傳球給內馬爾
梅西
即使內馬爾的傳球偏到身後，梅西還是能確實停球並完成射門。
② 內馬爾轉身傳球
內馬爾
內馬爾

——馬拉度納，以及小羅納度（Ronaldinho）等傳奇球星，小時候似乎也都在家中練習盤球。

風間 球感的提升也很重要。傳球有些不到位的時候能否出腳，就是日本選手與外國選手的差距。即使傳球有點不太到位，梅西仍然可以調整步伐出腳（如上圖），這在國外是一般水準的技術動作，但日本J聯盟的選手卻大多無法辦到。

後弓起身軀，假裝要射門的時候，身體本身是靜止的，然而球還在滾動，所以就容易造成球與自己拉開距離的狀況。

——一般來說，只要做出踢的動作，身體就會靜止，但梅西卻不會發生這樣的情況。

風間 可能是因為梅西踢球的動作本身就不一樣的關係。一般來說，踢球之前我們會做出一個背向後弓起的動作，但梅西卻能維持著運球的前傾姿勢直接起腳射門。

——梅西把一般來說應該是兩個相反動作的「運球」與「踢球」化為一個連續動作了。

球不離身

——梅西的特色之一，便是不讓球離開腳下的運球方式。梅西從右方切入之後，只要做出假動作讓對手以為他要射門，就能一一甩開敵方後衛的防守，這是我們經常在比賽當中看到的畫面，而梅西在上述狀況當中都能確實控球，不會讓球離開自己的腳下。

風間 斯托伊科維奇（Dragan Stojković）效力於名古屋鯨魚時，曾在天皇杯的決賽當中，一樣是切入後連過好幾位防守球員並成功射門。不過即使是這麼精彩的一球，球還是離腳滿遠的。當然，這是因為跟梅西比較才會給人這樣的感覺。「踢」這個動作，會有一個與前進相反的反作用力。當你張開雙臂、站穩軸心腳並向

風間　他射門的步幅與跑步的步幅幾乎完全一樣，運球時碰球的次數很多，這也是後衛總是會被他的動作吊中的原因。

——梅西只要稍微改變步幅，不用假裝射門也能讓後衛們急著出腳阻擋。梅西跨步的節奏總給人一種不規則的感覺。

風間　因為他觸球的次數很多。當他觸球時，後衛每一次都要做出反應，不得不全神貫注啟動防守。而梅西觸球間隔短、運球速度也很快，因此防守球員很容易就會被拋在身後。

——透過訓練有可能做出像梅西一樣的動作嗎？

風間　可能沒有辦法像梅西的動作那麼自然，但只要有意識的改變動作，應該是可以做到的。梅西大腿前側的肌肉看起來幾乎沒有用力，大腿前側肌肉的力量通常使用於剎車而非前進，當我們做出要射門的假動作時，總是會使用大腿前側肌肉來停住身體，導致球滾離腳下。所以必須盡量使用大腿後側的肌肉來奔跑，就不會使自己落後在球的後方。

必殺的斜行運球

梅西擅長的斜行運球。在間隔短的快速觸球之後，只要稍微變化步伐，就能製造出即將射門的氛圍，這使防守球員不得不出腳防守而被一一甩開。這是梅西比賽時經常出現的經典畫面。

不影響跑動的正確觸球

——梅西控球時，球不僅不會離開腳下，也很少發生左右晃動的狀況。

風間　梅西總是突然地改變跑動方向。即使如此，只要球與身體之間的關係維持不變，球也不會因為方向改變而產生晃動。彷彿梅西是用手拿著球跑動的感覺。這要歸功於梅西正確的觸球動作。舉例來說，帶球跑動時若要90度角變向，雖然只要觸球的正側方就能辦到，但只要觸球的動作不夠精準，球就會滾往奇怪的方向。因為球沒有沿著身體行進的方向直線滾動，導致偏離了球員本身行進的路線。此時，為了把球帶回原來的行進路線，便不得不做出多餘的動作以修正球的滾動路線。這就是導致帶球節奏變慢的元凶。反觀梅西的運球，幾乎不會產生這類奇怪的旋轉。梅西改變方向時，不會畫出一道弧線，而是筆直地前進。他只要一改變方向，就會馬上轉向下一個行進方向直線前進。

——如果去看比利（Pelé）比賽的影片，經常可以看到他以令人難以置信的身體平衡——帶球過人的精彩畫面。即使身體已經失去平衡，甚至球都滾遠了，他都能靠著強大的身體能力再次找回

平衡並重新把球控制在腳下。比利這種帶球過人的方式實在非常神奇，相較之下，梅西就是帶球時一直維持相同姿勢、幾乎不使用軀幹的類型。

風間 比利的核心強這一點無庸置疑，但強勁的軀幹並非與生俱來的。

——如果去看梅西小學時踢球的影片，會發現梅西的踢球方式基本上沒有太大的改變。就好像小時候的梅西便這樣成長為現在的梅西，只有身體變大了。

風間 這證明梅西小時候就已經是頂尖足球員了。馬拉度納與克魯伊夫（Johan Cruyff）等球員也是這樣的天才型球員。有趣的是，梅西參加巴塞隆納青年隊的徵選時，當時的五位教練裡有三人認為梅西「難以成為職業選手」，也就是只有兩位教練OK，其他三位都做出了NO的判斷。他們認為梅西的體型矮小，難以在職業球場上施展。後來他們讓梅西與高年齡的球員一起踢球，梅西才以表現征服了青年隊教練。因為他在一群年齡與體格都大上許多的選手之中，還是能夠有所表現。對青年隊的教練來說，他們非常重視一位球員是否有成為職業球員的潛力。因此當梅西通過青年隊試訓之後，接下來就換成訓練的教練開始煩惱該「如何幫助梅西成長」。

安定控球的觸球方式

梅西把球往左帶之後，立刻切回原方向的場景。球一直都朝著行進方向筆直轉動，沒有任何多餘的動作。

——梅西雖然有著驚人的天賦，但身材畢竟非常矮小。

風間 結果，煩惱著煩惱著，梅西就用相當快的速度一口氣升上巴薩的職業球隊了（笑）[1]。

——所以是連煩惱的時間都沒有就解決了。

1.〔譯註〕梅西2000年加入巴薩的青年隊，2003年就升上巴賽隆納C隊。

如滑行一般的跑動方式

——這麼說來，梅西帶球跑動的方式也相當特別。

風間　他的跑動方式確實與田徑選手不同。

——「幾乎看不到腳底」的跑動方式，對吧？

風間　一般田徑選手是用腳踢地面的方式來獲得推進的動力，因此當他們完成後踢這個動作之後，腳通常會往臀部的方向抬高。梅西則少有類似的動作。他不會用腳踢地面，而是以雙腳不斷向前交互踏出的方式跑動。

——是不是好像只是近距離的踏出步伐的感覺？

風間　沒錯。假如我們在水上奔跑，跑起來大概都跟梅西一樣吧？因為想要盡量縮短接觸地面（水面？）的時間，不然可

球不離腳的運球方式

能就沉下去了。

——這是為了運球而發展出來的跑動方式對嗎？

風間 若只是想盡量提升跑動的速度，我相信以田徑的跑法更能達到目的，但帶球跑動時不是自己要快，還必須顧及到球。梅西為了讓自己能夠隨時觸球，縮短了雙腳接觸地面的時間，才能在運球時球不離腳。

——這樣的跑法似乎不是有人教就能學會的。

風間 足球運動員透過訓練，持球跑動的速度是可以愈練愈快的。森谷賢太郎（曾效力於川崎前鋒足球俱樂部）就是這樣的球員。他本來並不是一個腳程特別快的選手，但是透過每天的四十公尺帶球跑動訓練，有效提升了自己的跑動速度，跑動的方式也改變了。有些時候我們需要透過接觸足球，讓球告訴自己如何調整身體來與之相處。

縮短雙腳接觸地面的時間，使自己處於隨時能夠觸球的狀態，就能做到球不離腳的運球。

極速跑動下的眼中風景

——梅西在最高速跑動時，仍能一邊運球一邊確認對手與周遭的狀況。如果我在那麼高速的狀態下奔跑，應該只能看到模糊的景象吧！

風間　不是所有人都可以看到梅西看見的景象。梅西究竟看到了什麼，雖然我們只能憑空想像，但我想他不管用多快的速度移動，都能像平常一樣，正常地觀察場上的狀況吧！以車輪來比喻，品質好的車輪不會有車身搖晃的狀況，但若車輪的品質差，就可能導致車身搖晃甚至嘎嘎作響。因為我們沒有裝過梅西的輪胎，因此無法看見梅西眼中的風景。這裡的輪胎指的就是技術，技術好，視野也會更加寬廣。不過，雖然我們的技術無法媲美梅西，但只要技術高度達到一定的水準，仍然能夠一邊運球一邊仔細觀察場上的狀況。

——我很好奇梅西在那一瞬之間，都在看些什麼？

風間　你覺得梅西一邊閃避對手，一邊在看什麼？我想他應該能看到各式各樣的情報吧，例如守門員的動作之類的。與其直接看向守門員，不如確認守門員的位置能否看到自己。

——因為梅西總是能反射性地做出胯下過人的動作，所以我一直覺得他是真的看到空隙才這麼做。

風間　即使是反射性的動作，梅西也有自信能夠做到。這對梅西來說已經是一種肌肉記憶了，畢竟他從小就是一個每天都會執行胯下過人動作的球員。

確認守門員的死角後射門

三名後衛上前封堵運球進攻的梅西，試圖封鎖他的射門路線。梅西知道自己剛好處在守門員看不見的位置，謹慎地瞄準守門員的死角射門。

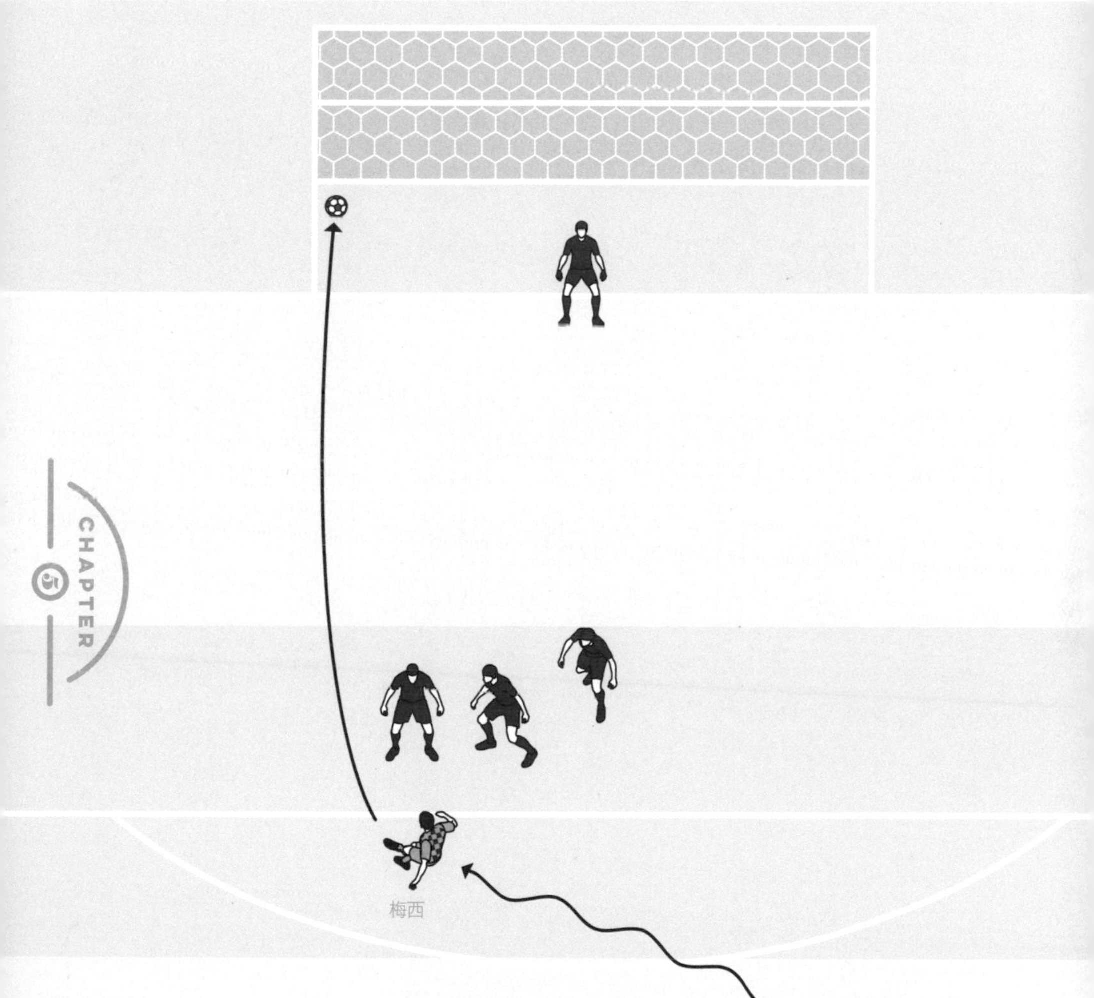
梅西

4

梅西的「傳球」

一個位置 多種踢法

——梅西的傳球有什麼特色嗎？

風間 簡單來說，就是「時間」吧！

——意思是梅西的射門很快？

風間 非常快。那樣的速度是來自於梅西處理球的速度與準確性。

——沒有多餘的動作。梅西給人的印象，就是能夠一邊運球，一邊「砰」地大腳傳球。

風間 雖然踢球的方式有很多種，但是就梅西來說，他幾乎都用同樣的姿勢踢球，而且踢球時也都把球放在差不多的位置。

——雖然梅西會踢出各式各樣的球，例如快速的傳球，或是較為緩慢的高空球等等，但是他踢球時腳上幾乎是用同樣的位置去踢，差別只在於他想踢的是球的哪一個位置。

風間 他也不會因為要踢出不一樣的傳球，就改變支撐腳的位置。因為沒有花時間改變腳踩的位置，因此他的傳球速度非常快。

——球與身體之間的位置關係固定，正是梅西的特色呢！

風間 可是，要找到自己與球之間的最佳距離相當困難。停下腳步時，你可能覺得已經找到自己與球之間最好的位置關係，然而一旦開始跑動之後，卻又發現好像哪裡不太對勁。

——所以就順序上來說，是不是必須先找到站定時自己與球之間的最佳位置，再一邊跑動一邊調整？

風間 沒有錯。以大島僚太（效力於川崎前

足球愈踢愈好的風間語錄 9

「不要只是學習，試著去超越吧！」

如果你只想著「學」，那就永遠只能在後頭追趕。只有想著「該怎麼贏」，才是提升自我的最佳捷徑。

鋒足球俱樂部）為例，雖然他在運球時能將球控制得很好，但他帶球時球的位置卻不在自己能「踢球」的位置。如果他能掌握自己與球之間最佳的位置關係，就能像梅西一樣立刻大腳射門。

——換邊進攻時，梅西也能準確傳出長傳球。

風間 不只是梅西，如果你看巴塞隆納的比賽，便會發現他們的球員要換邊進攻時，大多都用足內側去傳球。

——印象中都是短傳才會用足內側傳球。

風間 因為他們能用足內側輕鬆傳出三十公尺以上的長傳球。

——用足內側踢出的球準確度最高，如果能夠用足內側踢出距離這麼遠的長傳，等於無論是傳球還是射門，幾乎都能用足內側來踢了。

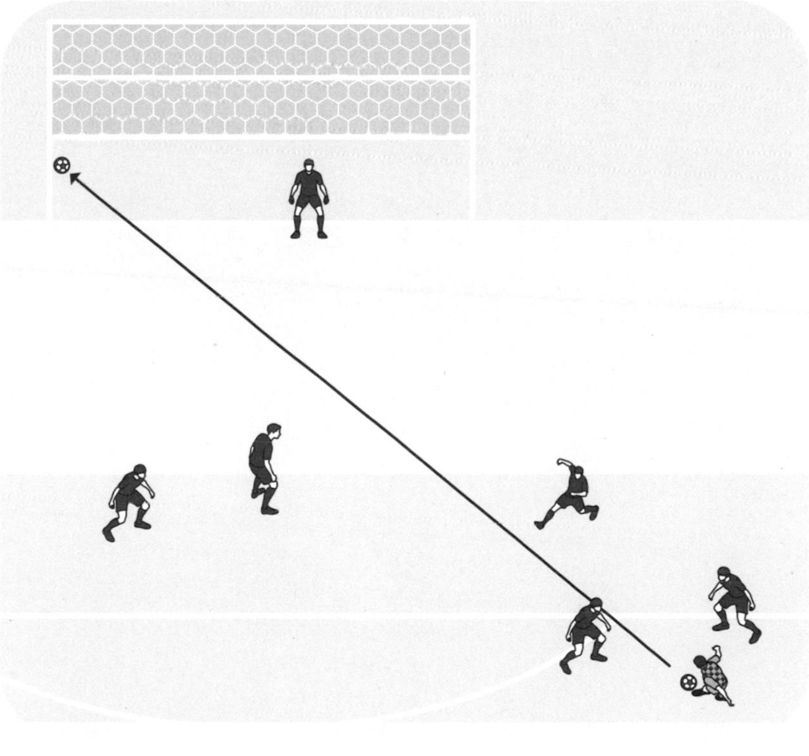

梅西即使在罰球區（大禁區）外圍也會用足內側射門。正是因為他無論停球、踢球都沒有多餘動作，才能踢出又準確又快速的射門。

4 梅西的「傳球」

先觀察對手

——即使是穿越球，梅西都能找到一個後衛剛好無法觸及的傳球路線。看梅西比賽的時候，我總覺得很常看到這樣的畫面。

風間 首先，梅西沒有在找尋隊友，而是持續關注著對手的動態。當他關注對手動向的同時，場上隊友也會不時進入他的視野當中，因此他才能傳出那樣精妙的傳球。

——原來如此。對梅西來說，因為他帶球時總是在找尋空隙射門，所以自然會優先觀察對手的動作。也因此他能夠第一時間發現可行的傳球路線與時機點，此時，若隊友剛好進入梅西的視野當中，他就會改為傳球給隊友。

風間 如果還要花時間跟隊友配合，一定會來不及。所以梅西的第一優

先，還是找到對手無法攔截到球的時機點。

——無論隊友是否來到他的傳球路線上？

風間 對手無法動作、碰不到這顆球……，梅西只要發現這樣的傳球路線，同時隊友也在絕佳的時機點前來支援，就一定能傳球成功。他也非常擅於發現「何時」傳球的絕佳時機。

——也就是說，梅西當然也會關注隊友，但對梅西來說最優先的，還是

觀察對手的動態。

風間　我們甚至可以說，他在場上幾乎無視隊友。當我還是現役球員時，也曾經看到對手「停下步伐」的瞬間，我看到他抬起腳跟那一瞬間的動作。我看出三十公尺外的敵方球員，即將停下腳步的樣子，雖然距離三十公尺以上，卻像在眼前一樣鮮明。

——被稱為「打擊之神」的棒球名將川上哲治曾說過：「球看起來似乎停下來了」，或許就是這樣的感覺吧？

風間　即使對手身在遠處，我想梅西也能看見對方的動態，例如雙腳的動作等等。我相信如果梅西去眼科做精密的視力檢查，應該就能清楚發現他與眾不同之處。動態視力、影像記憶等等，並不是每個人都擁有的能力。即使我們都生而為人，但實際上每個人眼中看到的景象都各自不同。

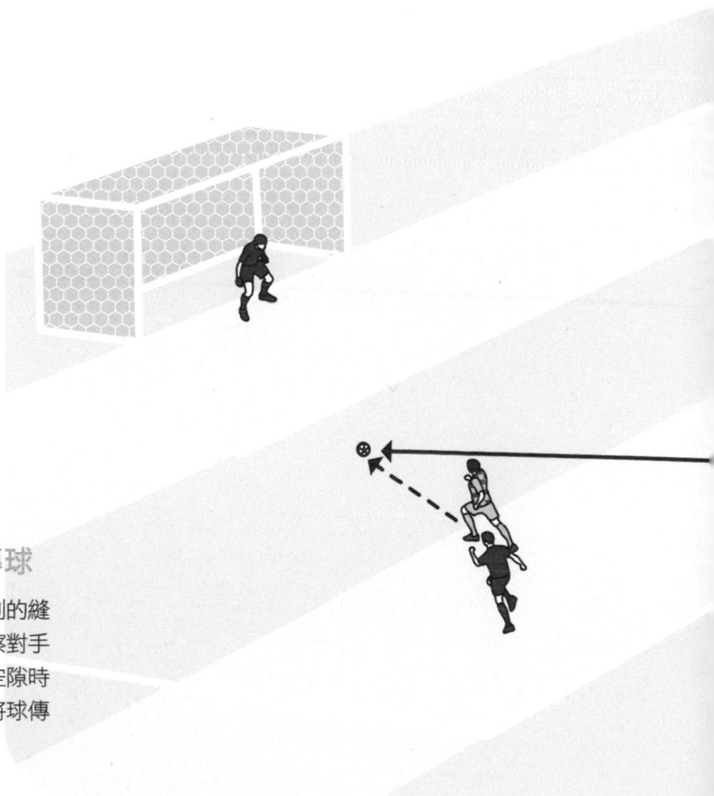

先觀察對手，再傳球

運球時，找到後衛攔截不到的縫隙並傳出穿越球。首先觀察對手的動態，找到可以傳球的空隙時隊友剛好趕到，梅西立刻將球傳給隊友。

出球的準確度與速度

—有趣的是，梅西幾乎不使用不看人傳球（No look pass）的技巧。

風間　畢竟他的傳球速度很快。

—不看人傳球具有瞬間延遲後衛反應的效果，但梅西在對手反應之前就已經把球傳出去了，等到他們反應過來已經來不及了。

風間　梅西經常在無法預料的時機點傳球。即使後衛意識到梅西要傳球了，也已經來不及出腳攔截。

—也就是說，梅西不需要使用不看人傳球的技巧，他的傳球精準度相當高，總是能正中目標。

風間　梅西掌握距離與時機的能力真的非常出色。

—他能精準將球傳到瞄準的位置非常厲害，而且還是在一連串動作中瞬間傳出的球。

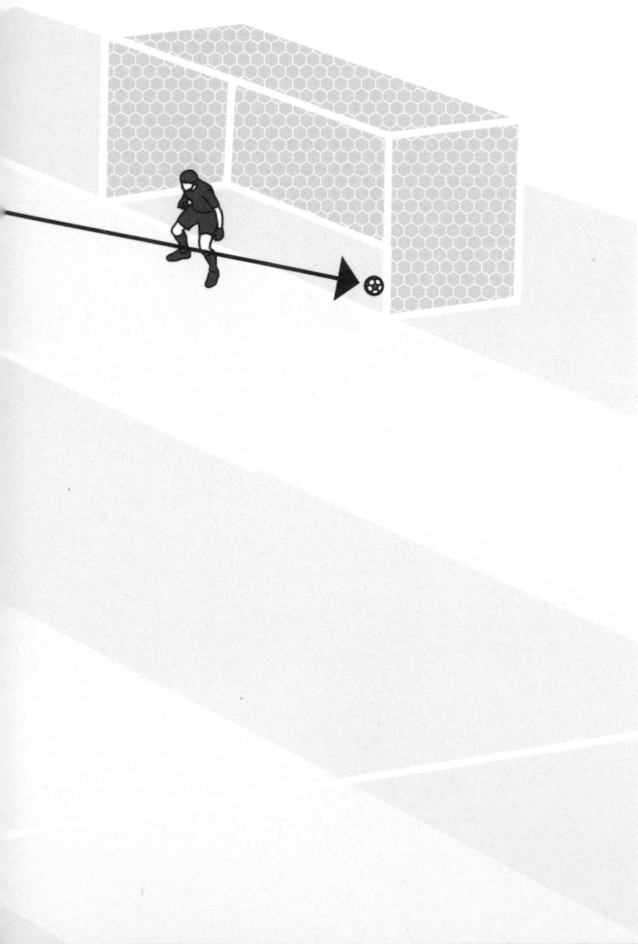

風間　他能很快地判斷該把球傳到哪個方向。

——在身體靜止的狀態之下，盯著目標並想像球的飛行軌跡之後再將球踢出，就像踢自由球一樣；然而梅西可以在很短的時間內決定傳球路線，同時調整該傳出什麼種類的球、傳球力道應該要多強等等。

風間　梅西踢自由球的速度也很快。因為他找尋目標的方式，是去尋找「點」。

——「點」嗎？

風間　例如，如果他想傳出一顆飛越後衛頭頂的球，球傳出去之後，通過的位置是後衛頭頂上五公尺範圍、還是五十公分範圍，兩者在落下時球的位置是截然不同的。

——畢竟梅西在瞄準位置、設定目標方面，本來就有與眾不同的一套方式。

梅西擅長的「過頂」傳球

梅西相當擅長越過後衛頭頂的「過頂傳球」。他瞄準的傳球路線，剛剛好是比後衛的頭頂稍微高一些些的位置。

梅西的「射門」 5

不把注意力放在守門員身上

——梅西擅長一邊帶球過人一邊找機會射門，他是否也會注意守門員的動向？

風間　除非是單刀跟守門員一對一，其他時候我想梅西應該不會把注意力放在守門員身上。與其關注守門員，不如找空檔射門。事實上，就梅西的技術水準來說，守門員本身應該也不清楚他看向自己的時機。

——雖說如此，梅西是怎麼找到空檔射門的呢？

風間　如果在罰球區內，梅西可以靠視線餘光去搜尋可能射門的位置。或許他已經找到某個空檔了，但他發現這個空檔的時間點應該是在更早之前，而非射門的前一刻。更何況敵方後衛也經常好心告知可以射門的空檔。

在不看守門員的狀況下射門

梅西從右邊切入後，瞄準近角射門。因為後衛封堵在球門近角的射門路線上，所以梅西知道守門員一定守在遠角的位置。於是他踢出一記穿襠射門順利打入球門近角。所謂「射門路線靠對手好心告知」，就是這麼一回事。

——後衛好心告知？

風間　後衛通常會擋在梅西與球門之間，試圖封堵梅西的射門路線，因此球門的位置，一定就在面前這個防守球員的正後方。同樣的道理，根據後衛的站位也能判斷守門員的位置。

——因為後衛只能封堵一部分的射門路徑，所以守門員會想要補足後衛無法顧及的部分，因此不管守門員本來在哪個位置，他都會趕緊過去補上空檔。

風間　所以照理來說，即使梅西不分心去看守門員，也能推測出他的位置。梅西經常反其道而行，選擇守門員移動位置的相反方向射門。如果從

梅西的位置看不到守門員，守門員當然也無法掌握梅西的動態，而且梅西也很清楚這一點。

——梅西經常能準確朝向守門員無法封堵的邊邊角角射門。

風間　畢竟，那些邊邊角角就是最容易進球的位置。梅西通常會瞄準球門下方較低的位置，如果下方的射門路線被封堵，那他就會選擇往球門的上半部踢，並且他也不會踢出力道太強勁的球。

——力道太大反而容易被守門員撲出。

風間　梅西的射門之所以可以順利穿越守門員防線的主因，首先是他可以隱藏在守門員的視覺盲點；再來就是因為守門員無從判斷梅西的射門時機，因此無法及時撲救。梅西能騙過守門，靠的就是這兩項武器。

5 梅西的「射門」

射門要壓低

——一般來說，較低的射門更容易進球。

風間　因為守門員要花更多時間才能碰到球。只要是得分效率高的前鋒，都能瞄準球門下方的邊角射門得分。我在名古屋鯨魚任教時，曾經跟年度進球王的若（Jô）說射門時要瞄準下方，他聽到後便笑著說「我爸爸也一直都是這樣教我的」。

——如果梅西離球門約二十公尺左右，他一般會選擇瞄準球門下方側網射門，不過也會看到他朝近角上方、或守門員雙腳之間的空檔射門。

風間　這就像「傳球」一樣，感覺上則與「運球」相同。因為如果下方沒有射門路線，代表相反方向的上方一定會出現空檔。

——守門員很難看出梅西什麼時候會射門，因為梅西運球的時候隨時都能起腳射門，這個特性起了相當大的作用。

風間　梅西射門時不會擺出特定的射門姿勢，反而是在跑動過程中突然起腳，所以守門員總是無法及時反應。另外，梅西不只可以提早射門，也可以延遲射門的時機，有時候他會故意晚一步射門來迷惑守門員，讓對方無法在正確的時間點撲救。

射門要瞄準球門下方邊角

梅西在擅長的切入之後，趁還沒被三名後衛完全包夾之前，找到空檔射門。由於他剛好處在守門員的視線盲點，守門員反應不及，讓這顆球順利飛入球門下方遠角。

梅西
梅西
梅西

踢自由球就像「傳球」一樣

——我也想了解梅西的自由球，這是他大量得分的手段。

風間 梅西可能根本不覺得自己是在「射門」。他踢球的動作本身非常快速，這個特性跟他的「傳球」有異曲同工之妙。或許對他來說，踢自由球就跟傳球一樣。

——梅西不踢被稱為魔球的落葉球，守門員面對他的自由球也都能反應過來，但他的自由球還是經常破門。

風間 畢竟梅西不是靠力量取勝。

——梅西的射門不是那種守門員無法反應的強力射門。雖然梅西有時也會踢出這類型的球，不過他在球的速

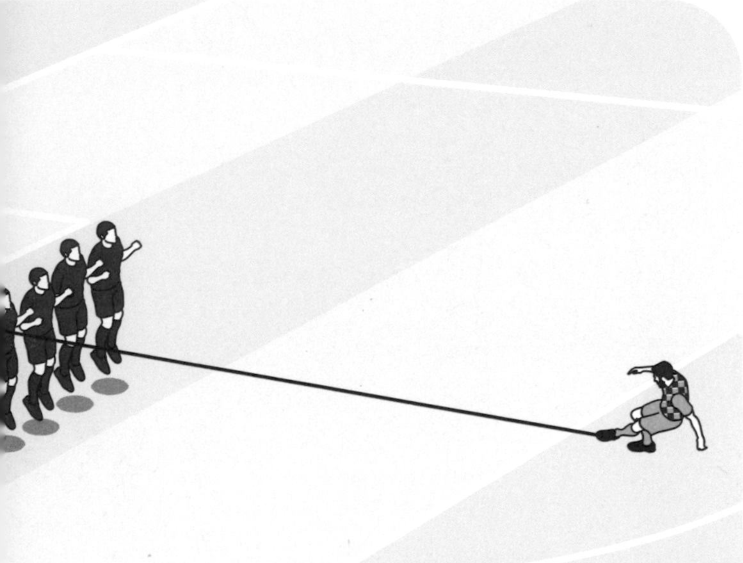

度與射門路線上總是拿捏得恰到好處。某種程度上來說，如果球門框再小一點，梅西的射門或許就不會進了，因為他的球就像配合著球門框一樣，總是能找到最刁鑽的位置。

風間　或許是吧！但是我想如果球門框再小一點，梅西一定會採取完全不同的方式射門。

——你的意思是梅西完全沒有太過也沒有不足的地方嗎？不只是面對守門員，梅西在場上的整體表現都恰到好處，沒有太過也沒有不足之處。

風間　梅西可以透過球到球門的距離、角度、人牆排列的狀況、守門員的位置等資訊，判斷出起腳就能進球的射門位置，同時準確度也相當高。就像他的傳球一樣，判斷速度非常迅速。

不是魔球卻能輕鬆破門的自由球

梅西用「傳球」的方式踢自由球。他不僅能迅速找到射門路線，射門的準確度亦相當突出。

梅西的「射門」

EXTRA 1

接到隊友的45度角傳中球後直接一腳射門

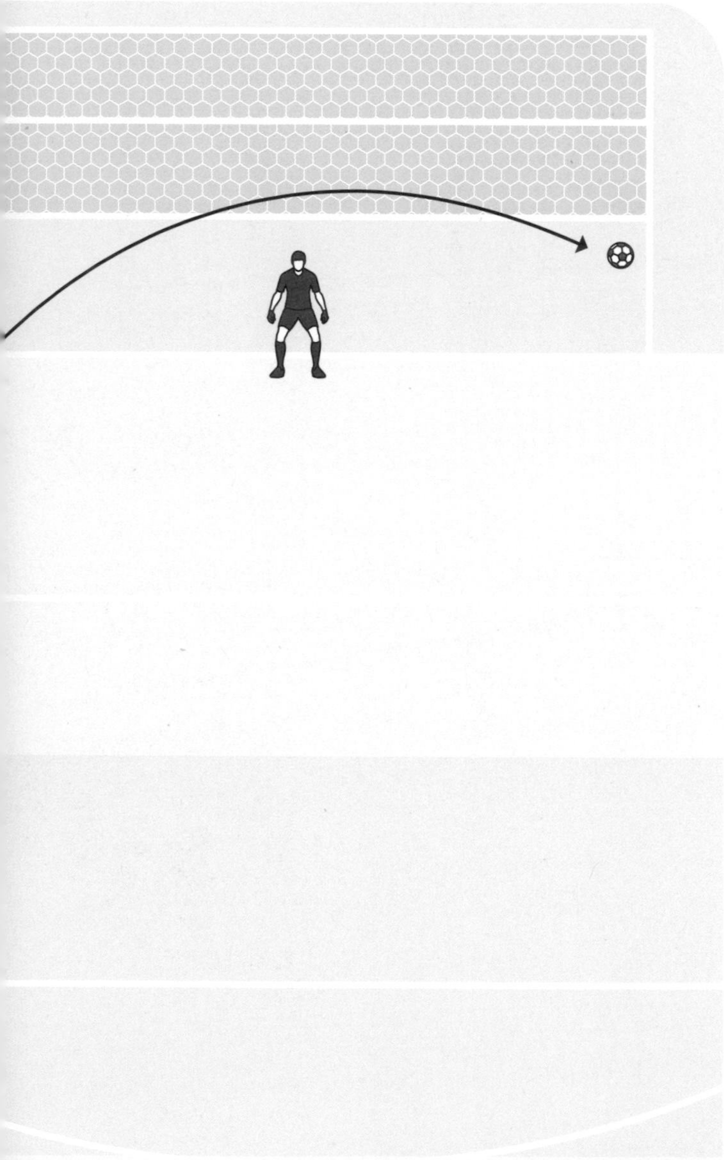

梅西接到隊友的45度角傳中球之後，經常靠著一腳吊射（loop shoot）破門。這是梅西擅長的進球方式之一。正因為他能準確停球並在一瞬之間迅速找到射門路線，才能成功執行這樣的射門方式。

梅西的「射門」

EXTRA 2

內切射門

內切射門是梅西反覆運用的射門技巧，就像按下重播鍵一樣。梅西一邊運球，球的位置一直維持在可以馬上起腳的範圍，因此他只要在後衛群間找到射門空檔，就會立刻起腳射門。守門員看不太出梅西的射門意圖，因為梅西一直維持著運球的步幅，忽然就來一腳射門，這對守門員來說，實在難以掌握撲救時機。

接到較低的傳中球後 直接一腳射門

メッシの「シュート」EXTRA 3

在後衛面前接到隊友傳來位置較低的傳中球，立刻一腳射門進球，也是梅西的拿手好戲。梅西在後衛正面稍微偏旁邊一點的位置，因此空出了射門路線。

「梅西解剖圖鑑」

技巧總結

無論「停球」、「踢球」，還是「運球」，球都在同一個位置上，不因動作而有差別，是梅西的特點之一。

梅西只在「停球」的瞬間注意球的狀況，由於不多花時間看球，因此可以創造出更多注意周遭的時間。

梅西一停球，對手也會跟著停下腳步。

即使在最高速的狀態下，梅西運球時仍球不離腳。原因在於他為了讓自己處於隨時能觸球的狀態，縮短雙腳接觸地面的時間，以滑行的方式跑動。

通常運球時會迎向對手，但梅西是盡量閃避對手。

梅西運球時不會讓球產生不必要的旋轉，因此他要改變球的方向時，就像用手拿著球一樣穩定。

梅西會運用許多不同的技巧踢球，但無論踢什麼球都大致維持同樣的姿勢。

梅西傳球時不會特地去找隊友。他會先觀察敵方防守陣尋找傳球路線，當隊友出現在該路線上便立刻出腳傳球。

梅西射門時不會分心去看守門員，他會透過後衛的站位來掌握射門空檔。

梅西之所以能在運球當中突然射出一腳冷箭，是因為梅西射門時，球的位置與「運球」、「停球」時一致。

梅西射門時會瞄準球門下方的角落。

梅西的自由球就像傳球，他用把球傳到球門內的方式得分。

即使大部分的人都無法成為梅西，仍然應該以梅西為目標。

結語

要踢好足球，關鍵在「感覺」

記得小時候，我們經常使用手動的削鉛筆機。然而不久之後，我們有了電動削鉛筆機，之後又有了自動鉛筆。不知道從什麼時候開始，我們不只不削鉛筆，連鉛筆都變得不常使用了。

在我父母那個年代，他們用刀子削鉛筆，甚至沒有削鉛筆機。隨著生活愈來愈便利，雖然非常方便，但人們以往擁有的身體感覺，卻開始一點一滴地流失。

只要前往非洲，或是東南亞地區的國家，隨處可見孩子赤著腳、或穿著涼鞋踢球的身影。踢足球時，一般建議最好穿著球鞋。但是，如果你踢球一定要穿球鞋，就永遠不會知道赤著腳直接接觸足球是什麼樣的感覺？一個洩了氣的足球踢起來是什麼感覺？在水泥路面上彈跳的足球踢起來是什麼感覺？只要沒有體驗過，我們便無從得知。

「在水泥路面踢球，穿網球鞋可以踢得更好。」席丹（Zinedine Zidane）還是現役球員時，曾經這麼說。

「因為我都靠踢小石頭來學習踢球，所以只有頭槌（heading）特別不擅長。」這句話則是出自喀麥隆的傳奇球星，羅傑．米拉